願わくは、我に七難八苦を与え給え

山中鹿介

―そのひたむきな生きざま

ハーベスト出版

山中鹿介銅像

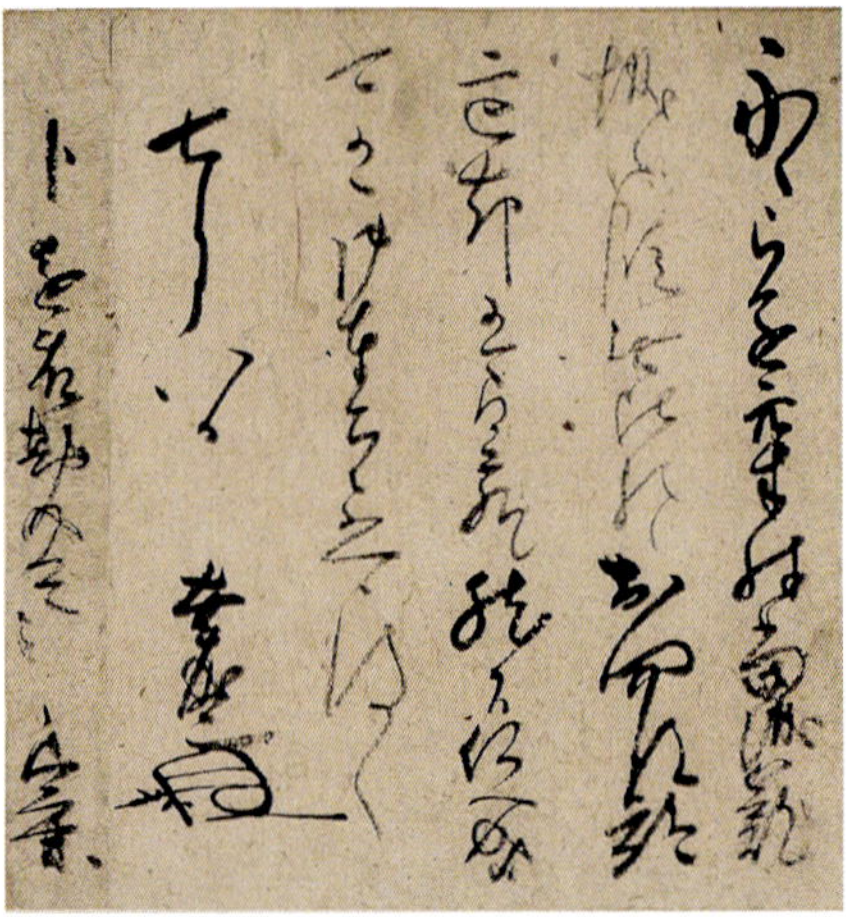

絶筆　山中幸盛書状（吉川史料館蔵）

伝山中鹿介鉄錆十二間筋兜（吉川史料館蔵）

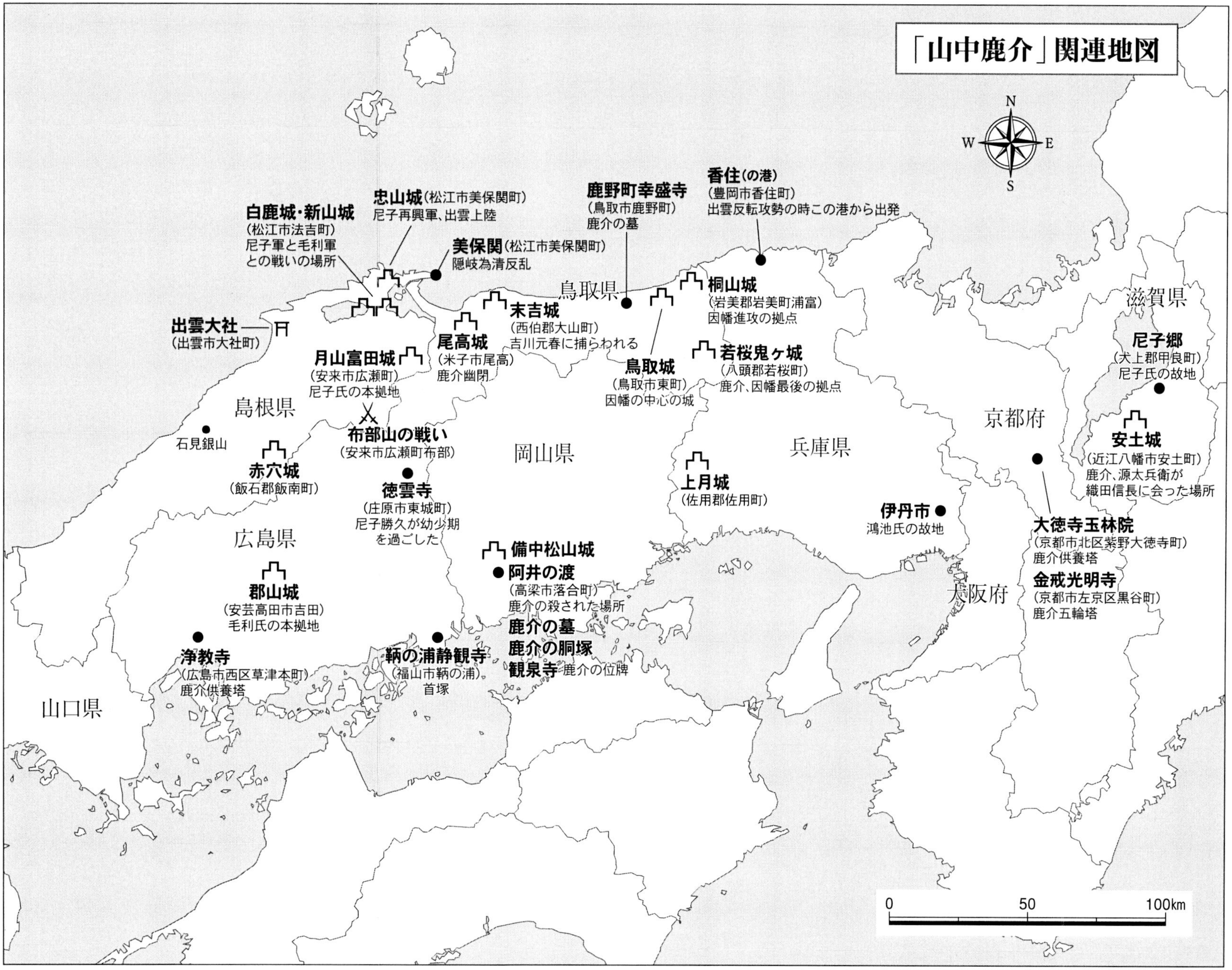

「山中鹿介」関連地図
N
W
E
S
忠山城(松江市美保関町)
尼子再興軍、出雲上陸
白鹿城・新山城
(松江市法吉町)
尼子軍と毛利軍
との戦いの場所
美保関(松江市美保関町)
隠岐為清反乱
鹿野町幸盛寺
(鳥取市鹿野町)
鹿介の墓
香住(の港)
(豊岡市香住町)
出雲反転攻勢の時この港から出発
鳥取県
桐山城
(岩美郡岩美町浦富)
因幡進攻の拠点
末吉城
(西伯郡大山町)
吉川元春に捕らわれる
出雲大社
(出雲市大社町)
尾高城
(米子市尾高)
鹿介幽閉
月山富田城
(安来市広瀬町)
尼子氏の本拠地
鳥取城
(鳥取市東町)
因幡の中心の城
若桜鬼ヶ城
(八頭郡若桜町)
鹿介、因幡最後の拠点
滋賀県
尼子郷
(犬上郡甲良町)
尼子氏の故地
島根県
石見銀山
布部山の戦い
(安来市広瀬町布部)
岡山県
兵庫県
京都府
安土城
(近江八幡市安土町)
鹿介、源太兵衛が
織田信長に会った場所
赤穴城
(飯石郡飯南町)
徳雲寺
(庄原市東城町)
尼子勝久が幼少期
を過ごした
上月城
(佐用郡佐用町)
伊丹市
鴻池氏の故地
大徳寺玉林院
(京都市北区紫野大徳寺町)
鹿介供養塔
広島県
備中松山城
阿井の渡
(高梁市落合町)
鹿介の殺された場所
金戒光明寺
(京都市左京区黒谷町)
鹿介五輪塔
郡山城
(安芸高田市吉田)
毛利氏の本拠地
大阪府
鹿介の墓
鹿介の胴塚
観泉寺 鹿介の位牌
浄教寺
(広島市西区草津本町)
鹿介供養塔
鞆の浦静観寺
(福山市鞆の浦)
首塚
山口県
0
50
100km

目次

第三章　少年期の鹿介

第四章　不撓不屈の後半生

第五章　七難八苦

第六章　上月の夏

第七章　阿井の渡

山中鹿介

はじめに――今、なぜ鹿介か

昭和十二年(一九三七)、小学校国定教科書(国定第四期サクラ読本)が改訂され、小学国語読本尋常科用巻九に、新たに「三日月の影」が採録された。「三日月の影」は、不撓不屈《ふとうふくつ》の精神で一生を貫き通したという山中鹿介幸盛の生きざまを描いたもので、五年生の前期で学習することになっていた。

昭和十二年といえば、その年の七月七日、北京郊外の蘆溝橋《ろこうきょう》での軍事衝突を機に、日本が全面的な中国侵略戦争(日華事変)を開始した年である。以後、日本は底なしの戦争という泥沼にはまり込んでいった。

昭和十六年(一九四一)、太平洋戦争が勃発《ぼっぱつ》した年、政府は戦時教育強化のため、明治以来の小学校という名称を改め、国民学校とし、教科書の内容も戦時色の強いものにした。しかし、「三日月の影」はそのまま初等科国語五(国民学校教科書)のなかに受け継がれ、五年生の後期で学習することになった。

こうして、昭和十二年（一九三七）の尋常高等小学校五年生から、昭和十九年（一九四四）の国民学校五年生までの全国の小学生が、鹿介のひたむきな生きざまを学んだのである。

筆者も昭和十八年（一九四三）、国民学校五年生のとき、「三日月の影」を習った記憶がある。敗戦間近の農村の小学校では、五、六年の高学年は、毎日のように農作業の手伝い、桑の皮はぎ（布地の材料）、ノボシ（茅《ちがや》）とり（軍馬の飼葉）などにかり出され、満足に授業を受けた覚えはないが、それでも鹿介が、「願わくは、我に七難八苦を与え給え」と三日月に祈ったというくだりは、不思議なことに今でも脳裏に刻《きざ》み込まれている。

山中鹿介幸盛といえば、敗れ去った主家尼子家の再興と、毛利氏に奪われた領国出雲の奪還のため、いかなる困苦にも屈せず、孤忠を守って戦い抜いた戦国武士である。彼は存命中から、毛利元就一族はもとより、織田信長・明智光秀・羽柴秀吉・大友宗麟《そうりん》らにその名を知られていた。没後は小瀬甫庵《おぜほあん》の甫庵太閤記をはじめ、各種の軍記物によって紹介された。特に江戸時代、朱子学の君臣論が鼓吹《こすい》されると、鹿介は理想的な家臣像と見なされ、多くの儒者・文人の賛辞を浴びたのである。近代に入っても、そのような見方は受け継がれた。そして先述のごとく、昭和十二年（一九三七）の小学校国語読本巻九に、「三日月の影」と題して鹿介の生きざまが紹介されると、鹿介の存在は一挙に全国的となった。

だが戦後は、軍国主義教育を煽《あお》った歴史上の人物として、楠木正成・名和長年らとともに、山中鹿介の名も教育の世界から葬《ほうむ》り去られたのであった。その結果、人々の記憶の中から、鹿介の名は消えていった。今日、鹿介という人物を知る人は、どれほどいるであろうか。

だが、たとえ軍国主義教育に利用されたとしても、それは後世の人間が勝手に利用したのであって、鹿介本人は全く与《あずか》り知らぬことなのである。筆者が「三日月の影」を今でも記憶しているのは、鹿介の生きざまが、少年の心に強い感動を与えたからである。そして、年齢を重ね、時代も大きく変転した現代においても、感動は風化しないで生きている。

感動とは、ひたむきな生きざまに対する感動である。鹿介に限らず、目的に向かってひたむきに生きた人々の人生は感動的である。現代においても、技に命をかける匠《たくみ》たち、記録や勝敗に全力を尽くすスポーツ選手などの生きざまも、美しく、感動的である。にもかかわらず、鹿介の生きざまが、何故突出して感動的だろうか。

第一に、鹿介は主家尼子家の再興と領国出雲の奪還を目的に戦い続けるのだが、その目的は他から指示されたり強制されたものではなく、あくまで鹿介自らが設定したものであった。

第二に、いったん目的達成を決意した鹿介は、終生その決意を変えなかった。

第三に、鹿介の目的遂行の戦いは、いつでも軍事的劣勢の条件下で行われたので、華々しい勝利はほとんどなかった。多くは束の間の勝利かまたは敗北だったから、彼にはいつも悲運の影が漂っていた。そのため、彼のひたむきな生きざまが、より鮮明に浮かび上がってくる。

筆者は以上のように整理してみた。

現代社会を見るとき、コンピュータやスマートフォンなどのＩＴ文化を中心とする物質文化は、驚異的な進歩をみせているが、反面、精神文化との隔差は拡大の一途をたどっている。そのため生ずる矛盾もまた増大し、精神の荒廃、モラルの退廃とでもいうべき現象が顕現化している。その証拠に、今日、顔をしかめ、耳目を掩《おお》いたくなるような事件が日常的に起こっている。かつて平安時代後期の人々が味わった、末法到来の畏怖感に似たものを感じざるを得ないのである。

戦後の復興という大きな目標に向かって、必死に努力してきた日本人が、ここに来て目標を喪失したかに見える。ならば、千挫《せんざ》屈せず百折《ひゃくせつ》たゆまず、目標に向かって邁進した山中鹿介の生きざまを、今こそ学ぶべきではなかろうか。本書の意図はその点にある。

鹿介の伝記は少ない。とりあえず、本書を書きあげるにあたって、谷口廻瀾編著『山中鹿介』（昭和十二年、モナス社）、妹尾豊三郎著『山中鹿介幸盛』（昭和四十六年、広瀬町観光協会、平成八年復刻刊、ハーベスト出版）、藤岡大拙著『山中鹿介紀行』（昭和五十五年、山陰中央新報社）、米原正義編著『山中鹿介のすべて』（平成元年、新人物往来社）など、手元にある伝記を参考に、人間鹿介の人物像に迫ってみたいと思う。そのことが、現代の末法から抜け出せる糸口になれば幸いである。

鹿介を語る前に、彼が仕えた戦国大名尼子氏について、あらましを述べておきたい。

尋常小学校国語読本　九
（島根県立図書館蔵）

国民学校初等科国語　五
（島根県立図書館蔵）

第十六　三日月の影　七十四　尋國九

つゝましき
姿を見せて、
濃き瑠璃《るり》の
色あざやかに、
咲くものは露草の花。

第十六　三日月の影

重代の冑《かぶと》

甚次郎《じんじらう》は、兄に呼ばれて座敷へ行つた。見れば、母もそこにゐた。床の間にはすばらしく大きな鹿の

改　口　祖　寶　軍　恩

第十六　三日月の影　七十五　尋國九

角と三日月の前立との附いた冑がかざつてある。

兄は、改つた口調で言つた。

「甚次郎、此の冑は祖先傳來の寶、これをお前にゆづる。十歳の時、軍に出て敵の首を取つた程強いお前のことだ。どうかりつぱな武士になり、家の名をあげてくれ。」

甚次郎は、胸がこみ上げるやうに嬉しかつた。

「ありがたく頂戴《ちやうだい》いたします。」

と言つて頭を下げた。母はそばから言つた。

「それにつけて、御主君尼子《あまご》家の御恩を忘れまいぞ。

第十六　三日月の影　七十六　尋國九

尼子家の御威光は、昔にひきかへておとろへるばかり、それをよいことにして、敵の毛利《まうり》がだんだん攻寄せて來る。成人したら、一日も早く毛利を討つて、御威光を昔に返しておくれ。」

甚次郎の目は何時の間にか涙で光つてゐた。

甚次郎は、此の日から山中鹿介幸盛《しかのすけゆきもり》と

興　武　者

第十六　三日月の影　七十七　尋國九

名乘り、心にかたく主家を興すことをちかつた。さうして、山の端にかゝる三日月を仰いでは、

「願はくは、我に七難八苦を與へ給へ。」

と祈つた。

一騎討

數年は過ぎた。尼子の本城である出雲《いづも》の富田《とだ》城は、其の頃毛利軍に圍まれてゐた。

鹿介は、戰つてしばしば手がらを立てた。彼の勇名は、味方のみか、もう敵方にも知れ渡つてゐた。

敵方に、品川大膳《だいぜん》といふ荒武者がゐた。彼は、鹿介

尋常小学校国語読本「三日月の影」（島根県立図書館蔵）の冒頭部分

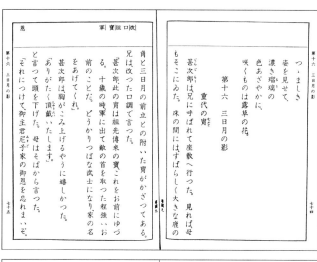

第一章　戦国大名尼子氏のあらまし

（一）出雲尼子氏の始まり

尼子氏は近江の佐々木氏の流れで、出雲月山富田城《がっさんとだ》（安来《やすぎ》市広瀬町）を本拠とし、十六世紀の初め頃、山陰・山陽二道に覇を唱えた、初期戦国大名の代表的存在である。

佐々木氏は京極と六角の二系統に分かれるが、尼子氏は京極の支流である。そもそも尼子氏は、バサラ大名で有名な京極高氏（道誉《どうよ》）の孫高久が、近江犬《いぬ》上郡《がみ》尼子郷《あまご》（滋賀県甲良《こうら》町）を与えられてその地に住み、在地名《ざいちめい》を名乗って尼子と称したのに始まるといわれる。その子持久（生没年不詳）は伯父である守護京極高詮《たかのり》の代官として出雲に下り、富田城に拠《よ》って出雲尼子の祖となった。もっともこのようなことは、陰徳記など近世の軍記物にだけ書かれていて、古文書・古記録など確かな史料には見出せない。

月山全景(安来市広瀬町)

尼子の名が確実な史料に現れるのは、永享十一年(一四三九)十一月の日御碕《ひのみさき》神社文書(日御碕一神子重申状案)で、そのなかに尼子四郎左衛門尉なる人物が見える。持久が出雲に下向したのは、京極高詮が出雲守護になった明徳三年(一三九二)より後のことと考えられるので、尼子四郎左衛門尉と持久の間には約五十年のひらきがある。四郎左衛門尉は文書の内容から見て守護代のように思われるが、彼を持久に比定する明確な史料は見当らない。明徳の乱(一三九二)後、隠岐氏や宇賀野氏が守護代だった証跡があるので、

尼子氏系図（米原正義著『出雲尼子一族』所載の系図を参考に作成）

佐々木定綱―信綱―氏信―満信―宗氏―高氏（導誉）―高秀

高氏（導誉）の子：
- 高秀
- 高詮（京極）
  - 高光―持光―持清―政経
  - 高数
- 高久（尼子）　備前守、五（六）郎左衛門尉　近江国甲良庄尼子郷住

高久の子：
- 詮久（江州尼子）　孫六、出羽守、
- 1 持久（雲州尼子）　出雲に移住　上野介、刑部少輔、祥雲寺殿
  - 2 清貞　刑部少輔　洞光寺殿華山常金大居士（無塵全賀庵主トモ）
    - 3 経久　又四郎、民部少輔、伊予守　母馬木上野介の女　文明一八年富田入城　領国、出雲・隠岐・石見・伯耆・因幡・美作・備前・備中・備後・安芸・播磨の一一ヵ国におよぶ　興国院月叟省心大居士　天文一〇・一一・一三没、八四歳
    - 久幸　或は経久の弟源四郎の子、下野守、天文一〇・一・一三、芸州吉田にて討死
      - 詮幸カ　次郎四郎

経久の子：
- 政久　又四郎、民部少輔　母吉川駿河守経基の女　永正一五（或は一〇）、九・六、雲州阿用城にて流矢にあたりて討死、二六歳　不白院殿花屋常栄居士
  - 千代童子　早世
  - 4 晴久　はじめ詮久、三郎四郎、民部少輔、天文二一・一二・三、修理大夫に任ず、天文二一・四・二、出雲・隠岐・伯耆・因幡・美作・備前・備中・備後八ヵ国守護　母山名兵庫頭（幸松また教言と）の女　永禄三・一二・二四没、四七歳（異説あり）、天威心勢居士
  - 女子　二人、うち一人松田兵部丞誠保の妻カ

国久　孫四郎、刑部少輔、紀伊守、母政久と同じ
新宮党、天文二三・一一・一生害、六三歳、松巌良吟居士

塩冶
興久　彦四郎、宮内大輔
享禄三年謀叛、翌年没落
天文三年備後山内甲山城にて切腹、三八歳
梅隠喜央居士
―清久　彦四郎

女子　杵築国造千家の妻

女子　杵築国造北島雅孝の妻

女子　宍道遠江守の妻

（国久の子）

誠久　孫四郎、式部少輔、母多胡忠重入道悉休の女
父国久と同時に生害

豊久　或は久豊、新四郎、兵部少輔
天文一五・六・二八、伯州真野山にて討死

敬久　或は久尊、小四郎、左衛門大夫
父国久と同時、翌日討死

又四郎　早世
雪山元中禅定門

与四郎　敬久と同時に切腹

女子　五人うち一人、尼子晴久の妻
うち一人、大河原孫三郎の妻

（誠久の子）

氏久　孫四郎、刑部少輔
母多賀美作守隆長の女

吉久　神(甚)四郎

季久　善四郎

弥四郎

勝久　孫四郎
天正六・七・三(六)、播州上月城にて切腹、二六歳、天雲宗清居士

女子　三人

（晴久の子）

千歳　早世

女

義久　5
長童子、三郎四郎、右衛門督、母紀伊守国久の女(竹芳妙聴大姉)
永禄九・一一・二八、富田下城、
慶長一五・八・二八没、七一歳、法名友林
＝元知　久佐将監
＝就易（佐々木姓に復す）

倫久　千童子、九郎四郎、九郎兵衛尉、母義久と同じ
元和九・三・四没、七八歳、法名瑞閑
―元知（→元知）
―宗久　上来原

秀久　百童子、八郎四郎、四郎兵衛尉、母義久と同じ
慶長一四・一一・二没、法名常心

女

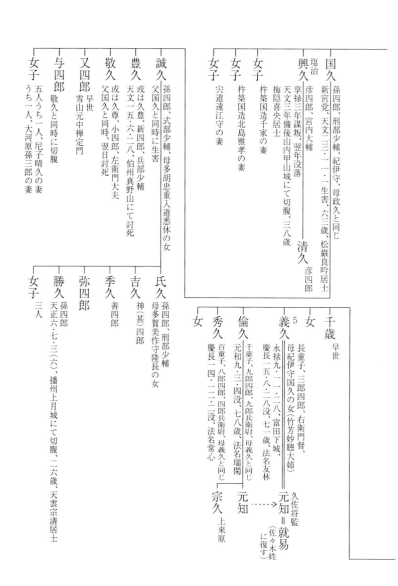

持久が出雲へ下向したのは、乱後かなり経ってからと考えられるので、同一人物説を無下《むげ》に否定することもできないだろう。ただし、持久の出雲における治績はほとんど分からない。今のところ謎の人物である。

(二) 尼子清貞(生年不詳、文明十年〈一四七八〉頃没)──出雲尼子の基礎を築く

出雲における尼子の歴史は、持久の子清貞の後半から、ようやく明るみに出てくる。清貞がいつ家督を継いだのか分からないが、応仁の乱勃発(一四六七)のころは、すでに彼の後半生に入っていた。大乱中、清貞は富田城にいて、京極氏の忠実な守護代でありつつ、他方で、松田氏など出雲東部の国人層を抑《おさ》え、美保関での関銭徴収を委託され、しだいに経済力をつけて勢力を増大させていった。尼子氏発展の基礎は、清貞が築いたといえるだろう。

(三) 尼子経久(長禄二年〈一四五八〉~天文十年〈一五四一〉)──十一州の太守

清貞の嫡男経久が、父から家督を譲られ、守護代になったのは、文明十年

尼子経久画像(広瀬町・洞光寺蔵)

(一四七八)ごろである。彼は応仁の乱後の混乱期、明らかに守護権力を排除して、戦国大名への道を歩もうとした。たとえば、京極氏御料所美保関の関銭徴収を怠り、社寺領を押領《おうりょう》し、あるいは守護段銭《たんせん》の徴収を拒否したりしたのである。

たまりかねた守護京極政経は、文明十六年(一四八四)、幕府に同意を求めて、経久追討の命令を近隣国人《こくじん》に発した。情勢を軽く見ていた経久の予想に反して、多くの国人衆が命令に応じたため、経久は守護代職《しき》を剥奪《はくだつ》され、富田城を追放された。

経久が雌伏《しふく》二年余の後、文明十八年(一四八六)元旦、わずかの手勢《てぜい》をひき

尼子経久騎馬銅像（広瀬町）

いて富田城を奪還したという話は、雲陽軍実記・陰徳記などの軍記物に英雄物語的に語られ、人口に膾炙《かいしゃ》している。しかし、現在の研究では、そのようなドラマティックな奪還劇を否定する見方が強い。しかし、いったん追われた経久が、文明十八年、再び富田城に帰還したことは事実である。この年の七月、守護京極政経は子息を伴って帰京している。これを経久による守護追放と解するか、後事を経久に託し安心して上洛したとするか、意見の分かれるところであるが、その後の政経の行動から推して、後者の方が事実のように思われる。

いずれにせよ、経久はその後国人層の掌握につとめ、十六世紀の初めごろ、おおむね出雲国内の統一を完了した。すると一気に、伯耆・因幡、さらに安芸・備後方面に進出し、大内義興《よしおき》がさすらいの将軍義稙《よしたね》を奉じて上洛し、山口を留守にしている虚をついて、急速に勢力を拡大し、軍記物に「十一州の太守」と記《しる》されるほどの強力な戦国大名に成長した。ちなみに十一州とは、出雲・隠岐・石見・伯耆・因幡・安芸・備後・備中・備前・美作・播磨西半の十一ヶ国である。実際にはこれだけ多数を支配していたわけではなく、出雲・隠岐・石見東郡・伯耆西部くらいに支配力が及んでおり、他の国については、時により誼《よしみ》を通じる国人領主がいたという程度であろう。

しかし、四ヶ国支配でも大戦国大名と言えるであろう。このように短期間に急成長したのは、もちろん経久個人の才覚にもよるが、客観的には出雲平野・安来平野の農業生産力、美保関の関銭、奥出雲の砂鉄生産と製鉄、石見銀山などを手中にすることによって、経済力を増大させたからである。又、義興不在の間に、大内支配から脱却しようと企《たくら》む国人層が、経久に接近したこともあげられる。だが、急速な成長の結果、例えば桜井宗的《そうてき》や毛利元就がいとも簡単に離反したように、家臣団形成上脆弱《ぜいじゃく》な点があり、尼子氏権力の弱点となった。

経久には三人の男子がいたが、嫡子政久は二十六歳の若さで、大東〈雲南市〉阿用《あよ》城合戦で討死し、三男興久《おきひさ》は父に叛《そむ》き、天文三年（一五三四）三十八歳で自殺。二男国久は新宮党という武力集団を組織して、尼子軍の有力な一翼を担《にな》っていたが、大将としての器量に欠け、甥で惣領の晴久と対立した。せっかくの子宝に恵まれながら、経久にとって不本意な子どもたちだった。三本の矢の譬《たとえ》で有名な毛利元就父子の団結とは、雲泥の感があった。

（四）尼子政久〈長享二年〈一四八八〉～永正十年〈一五一三〉〉——阿用城攻めで戦死

経久の嫡男政久は、永正十年（一五一三）阿用《あよ》城で不慮の死をとげた。この事件を永正十五年（一五一八）とする説もあり、どちらも決定的な証拠はないが、ここでは陰徳記に従っておきたい。

永正十年（一五一三）の夏、経久は出雲国内をほぼ平定したはずだったが、伯耆へ遠征している隙《すき》に、足下《あしもと》の阿用城の城主、桜井宗的入道が反旗をひるがえした。経久は政久を派遣して制圧しようとした。若い政久は勇んで出陣したが、城は容易に落ちなかった。そこで、向城《むかいじろ》を築いて持久戦にはいった。政久は戦《いくさ》のない毎日の徒然《つれづれ》をなぐさめるため、夜ごと櫓《やぐら》にのぼって得意の笛を吹いた。これを聴《き》いた宗的は、「あの笛の音は名にしおう政久のもの」と思い、ある日、城を出て向城の竹藪に潜《ひそ》み、夜のくるのを待った。やがて暗闇のなかから、妙《たえ》なる笛の音《ね》が流れてきた。政久は矢間《やま》（矢を射るはざま）に顔をのぞかせ、矢間を通して月を眺めながら吹いていた。宗的は音を目がけて矢を放った。笛の音はピタリと止《や》んだ。政久は喉元《のどもと》を射貫《いぬ》かれ、声もたてずに死んだ。二十六歳の若武者だった。陰徳記に「花実相応の大将」と記されているごとく、将来を嘱望《しょくぼう》される武将だった。

知らせを受けた経久は、血の涙を流して悲しみ、大軍を派遣して阿用城を討滅したといわれる。時に経久は五十六歳であった。

（五）尼子詮久《あきひさ》（のち晴久）

（永正十一年〈一五一四〉〜永禄三年〈一五六〇〉）――八ヶ国の守護職

三郎四郎詮久が生まれたのはその翌年、永正十一年（一五一四）のこと。父が不運の死を遂げたときは、まだ母親の胎内にいたことになる。そのようなケースはなくはないが稀《まれ》である。そこで阿用城事件を永正十五年（一五一八）とする説がある。これでいくと、事件のあった時、詮久は五歳、経久は六十一歳となる。今後の研究に待つところ大であるが、とりあえず陰徳記に従っておくことにする。

最も頼りにしていた政久を失った経久の落胆はいかばかりだったろう。しかし嘆いてばかりはおれなかった。孫が若武者に成長して、尼子家を支えてくれるまで、少なくとも二十年は現役の武将として、戦陣を駆けめぐらなければならない。一代の英傑経久は、強靭な意志と体力で、眥《まなじり》を決して戦国の荒波にたち向かったのである。

天文初年、三郎四郎が二十歳前後になったとき、民部少輔《しょうゆう》詮久《あきひさ》と名乗る。このころより、祖父経久は権力の一部を譲るようになる。つまり、尼子氏は経久と詮久の両頭政治に移行する。そして、経久が八十歳になった天文六年（一五三七）、すべての権限を詮久に譲って引退した。経久はこの日の来ることを、どれだけ待ち望んだことだろうか。

絹本着色尼子晴久像（山口県立山口博物館蔵）

若武者詮久は、堰《せき》を切るように外征に転じた。天文五年（一五三六）には、備中・美作を攻略し、天文六年（一五三七）には播磨に乱入し、翌年帰国したが、また美作・備前に進出し、さらに播磨に出兵して赤松政村と戦った。詮久の眼は明らかに京都に向けられていた。京都でも詮久上洛の風聞しきりであった。詮久の上洛の意図は、戦国末期の大名たち、例えば武田信玄や織田信長のように、上洛して将軍権力を奪い、天下に号令する、といった大それたものではない。将軍に拝謁を許され、金品を献上することにより、その存在を認知してもらおうとするものであった。だから、京における詮久上洛の風聞には畏怖感はなかった。

毛利元就肖像(毛利博物館蔵)

だが、詮久の上洛には大きな邪魔ものがいた。それは、吉田(安芸高田市)郡山《こおりやま》城の毛利元就である。詮久が上洛を目ざせば目ざすほど、背後の元就の脅威が増大するように思われた。上洛を達成するためには、まず、背後の元就をたたかねばならない。それから上洛の駒をすすめればいい、詮久はそう考えた。こうして、吉田遠征を決意した。

天文九年（一五四〇）詮久の息長童子丸（のちの義久）が生まれた。この年二十七歳の気鋭の若武者は、祖父経久、大叔父久幸（義勝とも）らの忠告を一蹴し、八月下旬、三万の兵力を動員して郡山城に向かった。毛利軍は寡兵《かへい》をもってよく防戦し、大内義隆の重臣陶隆房《すえたかふさ》（のち晴賢《はるかた》）の応援もあって、尼子軍を随所に敗った。翌天文十年（一五四一）一月十四日の早暁、詮久は吉田から総退却し、多大の犠牲を残して富田城に逃げ帰った。詮久の無謀な遠征、そして敗北、ここから尼子の衰退が始まると一般的に言われている。

ところが、その年の十月二日、足利十二代将軍義晴は、自分の偏諱《へんき》「晴」字を詮久に贈ったのである。以後、詮久は民部少輔晴久と名乗る。幕府は尼子の敗北を決定的なものとは見なさなかった。むしろ、晴久を幕府陣営に引きよせることによって、大内・毛利の勢力を牽制しようとしたのである。

尼子の敗軍を病床で聞いた経久は、十月十三日、八十四歳の波乱の人生を終えた。まことに、巨星墜《お》つの感があった。彼の死因に、吉田敗北の影響がなかったと言いきることは難しい。晴久もそのことに心を痛めたに違いない。

勝ち誇った大内義隆は、陶隆房や毛利元就らを引き連れ、天文十一年（一五四二）出雲富田城攻撃の途《と》についた。富田城攻防は翌年二月ごろから本格的に開始されたが、天下の堅城はゆるぎなく、容易に落ちそうになかった。いったん大内に降っていた出雲の諸将も、再び尼子に復帰する有様であった。その上、長く延びた兵站《へいたん》線では、武器食糧の補給もままならなかった。五月、京羅木《きょうらぎ》山《さん》（松江市東出雲町）の本陣にいた義隆は、万策尽きて総退却せざるをえなかった。晴久は直ちに追跡を命じ、大内・毛利軍は多大の損害をこうむって、命からがら本国へ逃げ帰った。尼子と大内・毛利の戦いは、一勝一敗に終わった。長谷川博史氏は、「出雲国において尼子氏権力が最も強大化した時期は、横田荘を直轄領とした天文十二年以降のことと考えられる」（『戦国大名尼子氏の研究』）と述べておられる。吉田遠征の失敗は、尼子権力への弔鐘ではなく、結果的に尼子氏の権力基盤の強化をもたらしたとの説である。

晴久は国内外の失地奪還に努め、天文二十年（一五五一）ごろには、ほぼ旧領域を回復した。

山中甚次郎（鹿介）が生まれたのは天文十四年（一五四五）、尼子氏の吉田敗北から四年後のことであった。

天文二十年（一五五一）九月一日、大内義隆は重臣陶隆房の反逆により、長門深川《ふかわ》（長門市）の大寧寺《たいねいじ》で自刃して果てた。中国地方の勢力図は大きく変わり、これ以後、尼子晴久と毛利元就の対立を軸に、歴史は動くことになる。

（六）新宮党事件

天文二十一年（一五五二）四月二日、晴久は幕府から、出雲・隠岐・因幡・伯耆・備前・備中・備後・美作合計八か国の守護職に補任《ぶにん》された。祖父経久でさえ補任されなかった守護職を、八か国も与えられたことは驚くべきことである。もとより、実質的に八か国全部に守護権限が及んだとは考えられないが、幕府の意図としては、たとえ空名でも、晴久を自己の陣営に引きこんで、陶晴賢や毛利元就を抑えようとしたのであろう。さらに年も押しつまった十二月二十八日、従五位下、修理大夫《しゅりだいぶ》に任叙されたのもそのためである。三十九歳の晴久は得意の絶頂であった。

天文二十三年（一五五四）正月、晴久は京都から訪れた谷宗養《そうよう》を富田城に招き、盛大な連歌会《れんがえ》を興行《こうぎょう》した。晴久はもともと連歌をたしなみ、当代の第一人者、谷宗牧《そうぼく》の指導を受けていたといわれる。宗養はその長男で、宗牧なきあと、文字通り連歌界の重鎮であった。その宗養を招いたのである。一族はもちろん、家臣の諸将も連歌会《れんがえ》に参加した。晴久には風雅の一面があった。

そのような平穏な年と思われた天文二十三年（一五五四）十一月一日、尼子家に衝撃がはしった。晴久が新宮党一族を殲滅《せんめつ》したのである。

新宮党とは、晴久の叔父で、妻の父でもあった国久一族のこと。富田城の北麓、新宮谷に居館を構えていたので、この名がある。新宮党の面々は武略に富み、剛勇ぞろいで、尼子の有力な軍事集団を形成していた。尼子氏のこれまでの勢力拡大は、新宮党の武力に負《お》うところが大きかった。それだけに、国久をはじめ、その子誠久《さねひさ》・敬久らの発言力も強く、傍若無人《ぼうじゃくぶじん》の振舞いが目立ち、惣領晴久と対立するようになった。その対立を巧妙に利用し、新宮党があたかも晴久に背《そむ》き、毛利方につこうとしているかのごときデマを流したのが元就だったといわれる。それにまんまとのせられて、晴久は謀計をもって新宮党を全滅させてしまった。元就の謀略が事実かどうか明らかではないが、新宮党を失った尼子の軍事力が弱体化したことは事実である。一般的には、晴久の軽薄さが批判されるが、新宮党との対立が深刻化していて、止むをえない措置《そち》だったかも知れない。鹿介はこのとき十歳である。事件の内容などは分からなかっただろうが、自分の住処《すみか》山中屋敷からほど遠からぬところで起こった惨劇を、どのような思いで見聞しただろうか。

（七）晴久の急死

弘治元年（一五五五）十月、元就は厳島の合戦で宿敵陶晴賢を敗死させると、晴久と元就の対立はより一層鮮明になっていく。このころより、毛利の勢力は石見にのび、両者の対戦は石見銀山を中心に展開される。晴久は不退転の決意で石見戦線にのぞんだ。永禄三年（一五六〇）六月には、銀山を奪取しようとする毛利軍と、君谷《きみだに》別府（島根県美郷町）や忍原《おしばら》（大田市）で戦い大勝した。守勢の尼子にとって、久々の快事であった。

ところが、十二月二十四日、晴久は四十七歳で急死するのである。その夜はことのほか寒気が厳しかった。明け方、晴久は厠《かわや》に行くため外縁《そとえん》に出たが、そこで倒れたのである。

あとにのこった嫡子三郎四郎義久は弱冠二十一歳であった。果たして晴久のあとを受けついで、強大な毛利勢に立ち向かえるのか。

甚次郎はこの年すなわち永禄三年（一五六〇）、元服して鹿介幸盛と名乗り、山中家を継いだといわれる。いよいよ尼子を背負って立つ日が来た。

第二章　謎多き前半生

（一）「しかのすけ」の漢字表記

山中鹿介は幼名を甚次郎《じんじろう》といい、元服して本名を幸盛《ゆきもり》、字《あざな》を「しかのすけ」と称したといわれる。それは、兄甚太郎から譲られた山中家伝来の冑《かぶと》に、立派な鹿の角の脇立《わきだて》がついており、それにちなんで命名したと伝えられる。その「しかのすけ」の漢字表記だが、各書まちまちである。ほんの一例だが、雲陽軍実記、陰徳太平記、吉田物語、出雲私史は鹿之助、甫庵太閤記、安西軍策、陰徳

鹿介祈月像（広瀬町）

記は鹿助、老翁物語は鹿之介、棚守房顕覚書《たなもりふさあき》、二宮俊実覚書《としざね》、雲州軍話は鹿介といった具合で、実に千差万別である。しかし、米原正義氏は国史大辞典（吉川弘文館刊）の「山中幸盛」の項で、鹿介が正しいと断じている。当時の古文書にも、鹿介と自署したものがかなり残っているので、「鹿介」の表記が正しいことは疑う余地もない。しかるに、中央から出る書物の中には、いまだに鹿之助と記しているのが多いのは悲しい。教科書の「三日月の影」は、もとより鹿介と記している。

(二) 生まれ年も異説

鹿介は天文十四年（一五四五）八月十五日、山中満幸の次男として生まれた。母は立原佐渡守綱重の女《むすめ》ナミ。鹿介には兄甚太郎幸高がいた。

このように書き始めたが、実のところ鹿介の前半生については、確かな史料はなに一つ残っていない。頼みは甫庵太閤記所収の山中鹿助伝と、江戸時代に成立した各種の軍記物である。だいいち、肝心の生まれ年すら確かではないのだ。雲陽軍実記、陰徳太平記、山中系図（谷口編著『山中鹿介』所収）などには、死没年齢を三十九歳としているから、阿井の渡《わたし》（高梁市）で殺された天正六年（一五七八）から逆算すれば、天文九年（一五四〇）の生まれとなり、主君尼子義久と同年ということになる。

一方、宮本又次氏は鴻池《こうのいけ》家に伝わる系図によって、天文三年（一五三四）生まれ、天正六年（一五七八）四十五歳没を主張し、次のように書いている。

「しかるに世には幸盛の生年を天文十四年（一五四五）とし、三十四歳をもって歿したものとする説がある。これは幸盛が七転八起尼子氏のために再興をはかった忠節に感じ、またその最期のきわめて悲惨であった点に同情するのあまり、彼を一層英気溌剌《はつらつ》たる豪傑たらしめんがために、殊更にその年齢を十一歳低下せしめたものかも知れない。」（宮本著『鴻池善右衛門』）

宮本氏が批判する天文十四年生まれ天正六年死没、三十四歳説を載せているのは、甫庵太閤記や亀井家御系譜、備中松山藩の藩儒前田時棟《ときむね》著山中鹿介伝などである。島根縣史（昭和四年刊）も天文十四年出生、天正六年没、三十四歳説をとっている。教科書「三日月の影」も同じである。いずれも、決定的証拠史料は見当たらないが、甫庵太閤記所収の山中鹿助伝や島根縣史などは、比較的信憑性が高いと考えられるので、天文十四年（一五四五）八月十五日生まれを支持することにしたい。

（三）生まれた場所も系図も不確か

鹿介の生まれた場所についても、確実な史料は残っていない。甫庵太閤記は、「於雲州富田《とだ》之庄、出生しけり」としているが、雲陽軍実記や雲州軍話などは、鰐淵寺《がくえんじ》（出雲市別所町）の麓としている。広瀬町の郷土史家妹尾豊三郎氏（故人）は、土地《ところ》の伝承、遺跡などを勘案し、富田庄の中でも、新宮谷の山中屋敷で生まれたと説いているが（妹尾『山中鹿介幸盛』）、現時点ではこれに従っておこう。

山中鹿介が生をうけた山中氏とは、どんな家柄だったろうか。これもよく分からない。前掲谷口廻瀾編著『山中鹿介』には、山中鶴蔵・山中三樹造両家所蔵の二種の山中系図が収録されている。系図を見比《みくら》べてお気づきの通り、異同が多く、信憑性に問題があるように思われる。さりとて、ほかに系図が見当らない現状では、これらの系図と軍記物や古記録類と合わせて、総合的に検討するしか方法はない。その結果、断片的ながら次のようなことが言えるだろう。

山中氏の祖幸久は、尼子清貞の弟であるとされるが、兄に叛《そむ》いたため、布部《ふべ》山《やま》（広瀬町）に蟄居《ちっきょ》させられ、長禄二年（一四五八）一月十一日幽死したという。これが事実ならば、山中家は最初から負い目をかかえてスタートしたことになるが、幸久の謀叛《むほん》については、軍記物をはじめ古文書・古記録にいっさい現われない。

鹿介幸盛は幸久の四代又は五代の後裔となっている。山中家は尼子一門衆といってもいいのであるが、鹿介の父満幸の頃には、むしろ譜代の重臣、すなわち富田衆の一員だったと思われる。

父満幸は天文十五年（一五四六）九月二十日、二十七歳の若さで病没した。鹿介二歳の時である。兄甚太郎が家督を嗣《つ》いだが、生来病弱だったので、自ら

山中家系図①（昭和十二年当時山中鶴蔵氏所蔵）

- **山中幸久** 五郎ト稱ス、尼子清定ノ弟ナリ、故アリテ兄ノ旨ニ忤ヒ、出雲布部山ニ幽セラル、此ヲ出雲山中氏ノ祖トス、長祿二年正月十一日幽死ス、年五十五、法名大雲寺道眞
  - 幸秀 孫太郎ト稱ス
  - **幸滿** 十四郎ト稱ス、母ハ櫻井尾張守爲信ノ女、永正三年五月三日卒ル、年四十二、法名葉雲
    - **滿盛** 左京進ト稱ス、母ハ河副光氏ノ女、尼子經久ニ從ヒ塩谷掃部助ヲ撃ツ、又屢々戰功アリ、天文七年三月十日卒ル、年七十一、法名淨林
      - **滿幸** 三河守ト稱ス、母ハ三澤土佐守ノ女、天文十五年九月二十日卒ル、年二十七、法名天海
        - 幸高 甚太郎ト稱ス
        - **幸盛** 鹿之助ト稱ス、母ハ立原佐渡守綱重ノ女、天正六年七月初旬備中阿部ノ渡ニテ毛利氏ニ害セラル、年三十九
          - 女 龜井武藏守茲矩ノ妻
          - 女 吉和孫左衛門義兼ノ妻
        - 女 美作ノ人飯田定正ノ妻
      - 女 夭ス
    - 滿重 甚十郎ト稱ス
    - 女 古志判官光政ノ妻

山中家系図②（昭和十二年当時山中三樹造氏所蔵）

宇多天皇（中略）―持久（上野介始テ出雲爲守護職同國ニ居住是出雲尼子ノ祖也）

清定（刑部少輔）―幸久（五郎）
兄清定ノ蒙勘氣自雲州布部山ニ蟄居ス實ハ謀討兄發覺故也
是出雲山中ノ元祖也
長禄二年正月十一日幽死行年五十五法號大雲寺道眞

幸秀（孫太郎）

幸満（十四郎）
母ハ櫻井尾張守爲信女
永正三年五月三日卒去
行年四十二
法號乘雲

満盛（左京進）
母ハ河副光氏女
宗家後尼子經久塩冶掃部助ヲ討ツ其外軍功アリ
天文七年三月十日卒去
行年七十一
法號淨林

満重（甚十郎）

女子
古志判官光政妻

満幸（三河守）
母三澤土佐守女
天文十五年九月二十日卒去
行年二十七
法號天海

女子
早世

幸高（甚太郎）

幸盛（鹿之助）
母立原佐渡守綱重女
天正六年五月二十二日爲毛利備中甲部川阿井ノ渡ニテ討ル
行年三十九法號

女子
作州住人飯田定正妻

女子
龜井新十郎之妻實ハ姉也後石州津和野城主也

女子
草津吉和孫左衛門妻也

廃嫡《はいちゃく》し、弟甚次郎（鹿介）に家督を譲ったといわれる。その時期は明らかではないが、勝田勝年「山中幸盛に関する年譜」（谷口編著『山中鹿介』所収）や妹尾豊三郎『山中鹿介幸盛』などは、永禄三年（一五六〇）十六歳の時とし、兄より重代の冑《かぶと》を譲られ、鹿介幸盛と名乗ったという。二系図とも、母は立原佐渡守綱重の女《むすめ》としている。後年、鹿介を補佐して共に戦う立原源太兵衛《げんたびょうえい》久綱は、母の弟、つまり鹿介の叔父だといわれている。

ところが不思議なことに、山中系図に表われる幸久以下歴代の名前が、現存の古文書、古記録の中に、いっこうに見当らないのである。母方の祖父立原綱重も、立原系図や古記録類の中に見出せない。これは一体どうしたことか。系図上の人物が古文書・古記録に見えないとすれば、系図そのものを徹底的に検討する必要があるだろう。

鹿介には姉がいたようだ。系図によると、作州住人飯田定正の妻とある。一方、森脇覚書によると、鹿介の姉婿佐伯という者が、高田城（真庭市勝山）の城番をしていたが、鹿介と内通したため、香川兵部に討たれたと記している。

佐伯とは佐伯辰重《たつしげ》のこととされるが、系図の飯田定正とどのような関係だろうか。

（四）さまざまな容姿

鹿介の容姿についても、諸書によってまちまちである。鹿介が謀殺された二年後、天正八年（一五八〇）の序文のある雲陽軍実記によれば、背丈《せたけ》五尺（約一五二センチ）余りで、中肉色白の美男子だったとする。元和二年（一六一六）の跋文《ばつぶん》のある甫庵太閤記は、幼にして眼光鋭く、手足太く逞《たくま》しく、不敵な面構《つらがま》えをしていたと記す。備中松山藩の前田時棟《ときむね》の山中鹿介伝には、身長六尺三寸（約一九一センチ）で十人力だったとする。徂徠《そらい》派の儒者、服部南郭《なんかく》の山中氏祖祠記にも、身体壮大、幼より勇猛にして十人力だったとする。松江藩儒黒澤石齋《くろさわせきさい》の懐橘談《かいきつだん》（鹿介が載っている上巻は寛文元年〈一六六一〉成立）には、色白く髪黒く、言葉はさほど賎しくなく、長身で横張り肥えた男だったとする。幕末の歴史家飯田忠彦の野史《やし》によれば、生後数か月で四、五歳児の如く、

二、三歳に及んで勇智群を超《こ》え、長ずるに及んで仁と智略を兼備し、力も強かったという。幕末明治期の歴史家岡谷繁実《おかやしげざね》の名将言行録に至っては、鹿介は針のような鬚《ひげ》をたくわえていて、その鬚《ひげ》で障子を刺すと、プツプツと穴があいたと書いている。

どうやら時代がくだるほど、鹿介は剛勇無双の豪傑に仕立てられていったようだが、真の容姿はどんなものであったろうか。

以上のように、若い頃の鹿介には、不明な点、あいまいな点が多すぎる。このような人物には、とかく後世の附会《ふかい》が重ねられ、実像を分かりにくくするものである。

陰徳記のなかに、鹿介の一生をごく簡単に述べた箇所があるので、参考までに掲《かか》げておきたい。

鹿助は本《もと》は池田神次郎といい、尼子家十人の家老のなかでも小身で、座席も末のほうだった。父には幼少のころ死別し、母に養われて成人した。母は孟子《もうし》

瀧秋方筆　山中鹿介画像（安来市教育委員会）

の母に劣らぬ賢女で、何とかして鹿助を世に出そうと心をくだいたが、貧乏だったので、思うようにいかなかった。毎年自分の畑に麻を植え、糸をとって布を織《お》り、布子《ぬのこ》（麻布の綿入れ）をたくさん作って鹿助に与えた。鹿助は賢い男だったので、当時尼子家の近習《きんじゅう》は三百人ばかりいたが、みんな二男や三男で貧しく、ろくな着物を着ていなかった。鹿助は彼らに布子をやるとは言わず、自然に着替えさせ、そのままにして返すことを求めなかった。また夜など我が家に十人二十人とつれてきて泊まらせ、朝飯も食わせてやったりしたので、みんな感謝して手下になり、鹿助のためなら何処ででも力を尽くし、自分は山中鹿助の手の者だと名乗ったので、鹿助の名は敵陣でも知れ渡り、威勢は諸人を超《こ》えるようになった。こうして鹿助は次第に勇も智も人に超え、仁の道も行《おこな》ったので、人々はその仁徳を慕った。

富田《とだ》落城の後、尼子勝久を大将としたけれども、何事も鹿助の計らいで中国地方に武威を振るい、無勢をもって多勢を挫《くじ》くこと数ヶ度に及んだが、天運利なく討たれたことは、誠に残念であった。（陰徳記巻之第五十六「山中鹿助最後之事」）

短い文章ながら、鹿介の幼少年期についての興味深い記述である。どこまで事実なのか分からないが、鹿介少年の姿を彷彿《ほうふつ》させる部分はあると思われる。

第三章　少年期の鹿介

（一）甫庵太閤記の語る鹿介

鹿介の生まれた天文十四年（一五四五）といえば、尼子の大将詮久《あきひさ》（のち晴久と改名）が、吉田郡山城《こおりやま》（安芸高田市）に毛利元就を攻め、大敗を喫してから四年目である。一代の英傑尼子経久《つねひさ》（詮久の祖父）が八十四年の生涯を終えたのも、敗北の年の暮れであった。尼子衰退の兆《きざし》はこの年、すなわち天文十一年（一五四二）に始まると一般的にはいわれる。山中家でも、鹿介の父満幸が天文十五年（一五四六）に若くして逝《ゆ》き、衰運の跫音《あしおと》が忍びよっていた。鹿介は生まれながらにして、主家尼子家と山中家の再興という二重の宿命を背負わされたのである。

悲運の子は、しかしながら逞《たくま》しく成長していった。そのあたりのことを、少々オーバーな表現だが、甫庵太閤記に聞いてみよう。

「鹿介は普通の子どもとは顔つきが異っていて、眼光鋭く手足は太く逞《たくま》しく、することなすことさっぱりしていて、不敵な感じがした。十歳の頃から弓を習い、軍法の道に執心《しゅうしん》し、武勇の道に励《はげ》んだが、十三歳の頃、敵の良き首を取って手柄をたてた。長ずるに及んで器量は世に超え、心は剛勇の上に思慮も深く、人を遇するに公平な態度をとり、武功をあげることを一心に願った。」

儒医小瀬甫庵《おぜほあん》（永禄七年〈一五六四〉～寛永十七年〈一六四〇〉）が太閤記を著わしたのは、跋文《ばつぶん》によれば元和二年（一六一六）のことである。彼はそれ以前、慶長五年（一六〇〇）冬、堀尾吉晴に従って出雲富田《とだ》城にやって来ている。そして松江城の縄張り（基本設計）を行った。甫庵は富田や松江に滞在している間に、鹿介についての情報を得たに違いない。甫庵が出雲に在国していた頃は、富田落城から三十五年ほどしか経《た》っていない。まして鹿介が備中松山（高梁市）で非業《ひごう》の死を遂げた天正六年（一五七八）からは、二十年ほどに過ぎないから、鹿介に関する記憶は、人々の脳裏にまだはっきりと残っていたはずだ。だから、甫庵の得た鹿介の情報は、かなり正確なものだったに違いない。従って、彼の山中鹿助伝も信憑性の高いものといえるだろう。甫庵太閤記をもう少し見てみよう。

「十六歳の春、半月型の前立《まえだて》の甲《かぶと》を着用することになったが、今日より三十日の内に、武勇の誉《ほまれ》を上げられますようにと、三日月に祈った。ちょうどその頃、主君尼子義久は伯耆の尾高城（米子市尾高町）の城主山名氏を討つため出兵した。火の出るような激戦となり、勝敗はまちまちだった。この時、鹿介は菊池音八《おとはち》と渡り合い、遂に首を取った。この音八は因伯に隠れない勇者であった。この日より、鹿介は三日月を一生信仰するようになった。」

鹿介は元服した頃、義久の近習《きんじゅう》にとりたてられ、側近に奉仕していた。十六歳の少年が、因伯に隠れなき豪傑を討ちとるとは、少々誇張のように思われるが、甫庵は、太閤記に収められている堀尾帯刀先生《たちはきせんじょう》吉晴伝でも、吉晴が「十六歳の春、夜軍《よいくさ》の有し時、一番首捕てけり」と記しているので、鹿介の武勇伝もまんざら作り話ではなさそうだ。しかし、菊池音八なる豪傑が、古文書・古記録に全く出てこないのはなぜだろうか。

山中家では、満幸が若死した後、長男の甚太郎幸高が継いだが、生来病弱だったため、弟甚次郎（鹿介）に譲ったという。鹿介は家督を継ぐにあたって、兄甚太郎から山中家伝来の甲冑を譲られた。特に冑《かぶと》は、三日月の前立《まえだて》と鹿の角の脇立《わきだて》のついた立派なものであった。

（二）三日月に祈る

小学国語読本に載る「三日月の影」によると、甚次郎は甲冑を譲られたその日から、山中鹿介幸盛と名乗り、心にかたく主家尼子家再興を誓い、山の端にかかる三日月を仰いで、

「願わくは、我に七難八苦を與へ給へ」

と祈ったという。この語句を鹿介が初めて唱えたと証明することは難しいが、いったん教科書に載ると、全国の小学生に知れ渡るようになった。「三日月の影」の文章を起草した、安来市広瀬町出身で、文部省図書監修官だった井上赳《たけし》（明治二十二年〜昭和四十七年）が、なにを典拠にしたのか明らかでない。

甫庵太閤記には、「今日より三十日の内に、武勇の誉《ほまれ》を取候やうにと、三日月に立願《りゅうがん》せり」とあり、名将言行録もほぼ同文を載《の》せている。前田時棟《ときむね》の山中鹿介伝にも、「自ら月に向って祷《いの》って云う、今後三旬《さんじゅん》（三十日）の中に、勇名を奮《ふる》うを得しめ給え」（原漢文）と記す。広瀬の碩学《せきがく》山口美道《びどう》の『山中幸盛傳』（大正十一年刊）にも、「乃ち初月を拝し、祷《いの》って曰《いわ》く、願わくは三旬を限り英名を博《はく》さしめ給え」（原漢文）とある。

以上紹介したように、多くの文献は、鹿介が三日月を拝して、一か月以内に武功をたてることが出来ますようにと祈ったとしている。

（三）願わくは、我に七難八苦を与え給え

これに対し、文久二年（一八六二）の序文をもつ、松江藩の藩儒桃節山《ももせつざん》（天保三年〈一八三二〉～明治八年〈一八七五〉）の著『出雲私史』を見ると、「常に初三の月を拝して、以て其成功を祷《いの》れり、又常に諸神仏に祈て曰《いう》、願くは我をして七難八苦に遇《あ》はしめ給へと」と記している。七難八苦に遭遇させて下さいと祈ったのは、三日月ではなく諸神仏に対してであるが、七難八苦の語句が現われるのは初めてである。続いて、大町桂月も『山中鹿之助』（大正十一年刊）の中で、「これより後、常に三日月を拝し、祈って曰く、願はくば我をして七難八苦に遭はしめ給へ」と書いている。桂月に至って初めて、七難八苦を三日月に祈る形式が出来あがったようだ。どうやら、井上赳《たけし》が参考にしたのは、大町桂月の著書ではなかったろうか。

三日月を信仰する習俗が出雲にあったかどうか明らかではないが、次第に大きくなっていく三日月に、自己の願望を祈るのは自然であり、鹿介が三日月を拝したことは認めてもよかろう。そして、三十日以内に武功を樹《た》てられますよう、と三日月に祈ったこともありうることだ。

山中鹿介幸盛画像(「芳年武者无類」所収)

鹿介は尼子義久の近習として、尾高城攻略戦に参戦し、名のある敵将の首を取って武功を樹《た》てた。それからは、一生三日月を祈るようになったという。鹿介の後半生の、苦難を自ら求めてやまない生きざまに、感動した後の世の人々の口から、自然に「七難八苦を与え給え」という語句が生まれたのではなかろうか。それを文章表記したのが桂月ではなかったか。やがて昭和に入って教科書に採り入れられるのだが、小学生の多くは、感動的な語句として、深く脳裏に刻《きざ》んだのである。国民学校で学んだ筆者も、その一人であることはすでに述べた。

第四章　不撓不屈の後半生

（一）白鹿《しらが》城救援

鹿介が軍記物に初めて登場するのは、永禄六年（一五六三）の白鹿城（松江市法吉《ほっき》町）救援戦の時である。鹿介は十九歳の若武者になっていた。

尼子氏は富田城を中心に、その外周に十城の防衛拠点を設け、尼子十旗と称したが、そのうちの最重要拠点と見なされたのが白鹿《しらが》城で、尼子晴久の妹（姉とも）婿松田誠保《さねやす》が城将としてたて籠もっていた（七十五頁参照）。永禄五年（一五六二）、毛利元就は大挙して出雲に侵入し、富田城を攻略するための前線本部として、西北に二十五キロも離れた洗合《あらわい》崎に城を築いた。これが洗合城（松江市国屋《くや》町）である。元就の鋭い目は、先ず北方五キロの白鹿城に向けられる。この城は尼子十旗の第一である。なんとしても最初に落とさねばならぬ。逆に尼子にとってみれば、絶対に死守しなければならない。城からは救援を求める使者が、しきりに富田城へ飛んだ。

毛利を迎え撃つ尼子勢の戦いぶりは、実に不甲斐ないものだった。毛利の兵《へい》站線《たんせん》を分断すべく出陣した尼子勢は、八畦山《やつうねやま》（雲南市木次町）でも地王峠《じおうとうげ》（雲南市三刀屋町）でも、敢《あ》えなく敗れ去った。特に地王峠の戦いは、元就の計略に乗せられて、戦わずに遁走するという無様《ぶざま》な敗北であった。鹿介や立原源太兵衛ら義久の近習《きんじゅう》たちは、口を揃えて、重臣家老たちの旧態依然《きゅうたいいぜん》たる戦いぶりでは勝てないことを力説し、この際、白鹿救援には、近習若手の面々を先頭に立てて援軍を送るよう、大将義久に懇請した。しかし、「経験の浅いものに何ができるか」と家老たちに一蹴され、義久もまた家老たちに同意したので、従来と同じように、重臣家老のひきいる本隊が先頭に進み、近習たちは後方部隊に配置された。鹿介らは唇をかんでこれに従わざるを得なかった。

永禄六年（一五六三）九月、尼子倫久《ともひさ》を大将とするおよそ一万の救援軍は、富田城を出発して白鹿城に向かった。鹿介・源太兵衛らの近習衆は、第二陣として後方につけた。一行が白鹿城に近づいても、毛利勢の迎え撃つ気配が見えなかったので、第一陣の将士はすっかり気を許していたところ、突如、物陰《ものかげ》から現われた毛利勢の弓鉄砲の攻撃により、忽ち尼子本隊は総崩れとなり、戦わずに敗走した。後陣にひかえていた鹿介らが、いかに叱咤《しった》しても立て直すことは出来なかった。雲陽軍実記はこの時の敗北を、「不興成《ふきょうなり》ける敗軍なり」と記しているが、まことに興ざめするような無様《ぶざま》な敗北だった。老翁物語という毛利側の記録によると、「富田より一万余の軍勢が二度にわたって攻めてきた。こちらの陣の一里内外のところへ足軽を配置しておいたが、敵は陣の近くまで来なかった。矢のとどくほど近くに来たら、白鹿城を包囲している兵力をそちらに回そうと決めていたが、敵は何の作戦行動もせず退却してしまった」と記している。

この記述が正しければ、尼子勢はなんのために救援に出かけたのか全く分からない。尼子の家臣団統率力がゆるんでいたからであろう。

白鹿救援の無様な敗北は、鹿介に決定的な衝撃を与えた。殿《しんがり》という危険な任務についた鹿介は、悔《くや》し涙を拭きもせず、追い来る敵を払いながら、胸の中にはっきりと刻《きざ》んだことがあった。それは、尼子の重臣家老衆たちは、もはやなんの役にも立たないという、失望と不信感であった。

「斜陽の尼子を救うのは、我ら近習衆以外にいるものか」

十九歳の若き鹿介の確信であった。鹿介の不撓不屈《ふとうふくつ》、ひたむきな生きざまの原点は、実に白鹿救援戦の無様な敗北にあったのである。

(二) 一騎打ち

白鹿城が陥落《かんらく》すると、毛利の鋭鋒はいよいよ富田城に向けられた。京羅木《きょうらぎ》山《さん》（松江市東出雲町）に前線本部を進め、眼下に富田城一帯を見下ろしながら、稲薙《いねなぎ》、麦薙《むぎなぎ》をくり返し、糧道を遮断して、じりじりと包囲網を狭《せば》めていった。兵糧は次第に窮迫し、志気も低下し、場内には憂色が漂《ただよ》うようになった。それでも、永禄八年（一五六五）四月の毛利勢による富田三面攻撃は、よく防戦して撃退したのである。三面攻撃とは、富田城へ通じる三つの道、菅谷口《すがたにぐち》・御子《おこ》守《もり》口・塩谷《しおたに》口において、毛利勢が同時に展開した総攻撃のことである。この時鹿介は尼子倫久《ともひさ》のもとで塩谷口を固め、敵将吉川元春の猛攻を防いだのである。

その年の九月のある日、富田川（当時は現在の広瀬の町並を流れていた）の中洲で、鹿介と毛利配下の武将益田藤兼の家臣品川大膳との一騎打ちがあった。

その様子を教科書「三日月の影」から引用して紹介しよう。


敵方に、品川大膳《だいぜん》といふ荒武者がゐた。彼は鹿介を好き相手としてつけねらつていた。名を椨木《たらぎ》狼介《おほかみのすけ》勝盛と改め、折もあらば鹿介を討取らうと思つた。

或日のこと、鹿介は部下を連れて、城外を見廻つてゐた。川をへだてた對岸から、鹿介の姿をちらと見た狼介は、破鐘《われがね》のやうな聲で叫んだ。

「やあ、それなる赤絲威《をどし》の甲《かぶと》は、尼子方の大将と見た。鹿の角に三日月の前立は、正しく山中鹿介であらう。」

鹿介は、りんとした聲で大音に答へた。

「いかにも山中鹿介幸盛である。」

狼介は、喜んでをどり上つた。

「かく言ふは石見《いはみ》の國の住人、棫木狼介勝盛。さあ、一騎討の勝負をいたさう。あの川下の洲こそ好き場所。」と言ひながら、弓を小脇にはさんで、ざんぶと水に飛込んだ。鹿介もたゞ一人、流を切つて進んだ。

狼介は弓に矢をつがへて、鹿介をねらった。尼子方の秋上《あきあげ》伊《い》織介《おりのすけ》がそれを見て、

「一騎討に、飛道具とは卑怯《ひけふ》千萬。」

と、これも手早く矢をつがへてひようと射る。ねらひ違はず、狼介が満月の如く引きしぼつてゐる弓のつるを、ふつりと射切った。味方は「わあ。」と

尋常小学校国語読本（島根県立図書館蔵）より

はやし立てた。

狼介は、怒つて弓をからりと捨て、洲に上るが早いか、四尺の大太刀を抜いて切つてかゝつた。しかし、鹿介の太刀風はさらに鋭かった。何時の間にか狼介は切立てられて、次第に水際に追ひつめられて行つた。

「めんだうだ。組まう。」

かう叫んで、狼介は太刀を投捨てた。大男の彼は、鹿介を力で仕止めようと思ったのである。

二人はむずと組んだ。しばらく互に呼吸をはかつてゐたが、やがて狼介は満身の力をこめて、鹿介を投附けようとした。鹿介は、それをじつとふみこたへたが、片足が洲の端にすべり込んで思はずよろよろとする。忽ち狼介の大きな體が、鹿介の上にのしかかつた。鹿介は組敷かれた。兩岸の敵も味方も、思はず手に汗を握る。

とたんに、鹿介はむつくりと立上つた。其の手には、血に染まつた短刀が光つてゐる。狼介の大きな體は、もう鹿介の足もとにぐたりとしてゐた。

「敵も見よ、味方も聞け。現れ出た狼を、鹿介が討取つた。」

鹿介の大音聲《だいおんじょう》は、兩岸にひびき渡った。

鹿介はなんとも胸のすくような勝ちっぷりである。筋は雲陽軍実記とほぼ同じだから、井上赳はこの書物を典拠にしたものと思われる。ところが、他の文献を見ると、そんな恰好いい勝ちっぷりではなかったようである。

甫庵太閤記によると、狼介が横に払った一刀により、鹿介は向う脛《ずね》をしたたかに切られている。陰徳記には、「狼介に切りたてられ、すでに危うく見えたので、盟友秋上庵介《あきあげいおりのすけ》（伊織介とも）が狼介の背後にまわり、袈裟《けさ》掛《が》けに切りつけたが、狼介が倒れざま横に払った一刀は、鹿介の膝をしたたかに切った。鹿介は狼介の首を刎《は》ねたけれども、自分も深手を負《お》ったので、郎党に担《かつ》がれて味方の陣へ引き上げた」と記している。さらに吉田物語を見ると、「鹿介は股を切られて動きがにぶくなったところへ、狼介が飛び込んで組み伏せ、首を刎《は》ねようとすると、庵介が助太刀に入り、狼介を後ろへ引き倒し、鹿介に首を取らせ、傷ついた鹿介を肩に担いで味方の陣に帰った」とある。軍記物でも尼子側と毛利側のもので大きな相違があるようだ。ただ、次の点はおおむね諸軍記で共通している。

1．狼介は弓矢を持って中洲にのぞんだ。

2．鹿介には助太刀がいた。

3．狼介は討ちとられたが、鹿介も深手を負った。

いずれにせよ、ずいぶん変則的な一騎打ちだったようだが、老翁物語が記すように、「益田内品川狼介と鹿介、河中にて切相ひ候所へ、秋上庵介加勢候て、狼介を切殺し、鹿介も大手（大

山中公一騎討之碑（広瀬町）

傷）を負ひ候。名誉の（奇妙な）合戦也」というのが、真相に近いものだったろう。それにしても、鹿介のしぶとさが際立っている。

広瀬の町並に入ってすぐ左に折れ、小さな橋を渡ると、右手遊園地の奥に、「山中公一騎打之処」と刻んだ自然石の碑が建っている。今は陸地だが、かつてこの辺りは富田川の中洲であった。

（三）侍は渡り者

鹿介の一騎打ちは、籠城に沈む尼子の将兵にとって、一陣の涼風ではあったが、それも束の間のこと。毛利の兵糧攻めは、ますます苛烈《かれつ》となった。元就は、疲労と空腹に堪《た》えかね、落ちてくる尼子籠城兵（初めは足軽など軽輩が多い）を、容赦なく斬り捨てさせた。この非情な仕打ちは、城内の糧食をできるだけ多くの人数で、早く食い潰《つぶ》させるためであった。元就の巧妙な術策である。

尼子の筆頭家老といわれる宇山久信は、この窮状を打開するため、私財を投じて但馬《たじま》・丹後方面から兵糧を買いつけ、籠城に耐えようとした。しかし、元就は伯耆西部や境水道を手中にすることによって、補給路を完全に遮断したので、富田城内の兵糧事情は極限に達し、餓死者が出るほどであった。

頃はよしと、元就は城兵の脱走を許す高札を立てた。城兵はぞくぞくと城を下った。無名の足軽雑兵《ぞうひょう》はもちろん、大身や近習までもが落人《おちゅうど》となった。牛尾幸清・亀井秀綱・河本隆任《たかとう》・河副《かわぞえ》久盛・佐世《させ》清宗・湯惟宗《ゆこれむね》ら、そうそうたる尼子の重臣が城を後にした。

二十一歳の若武者鹿介は、この有様をどんな気持で見ていたであろうか。

翌永禄九年（一五六六）元旦、忠臣宇山飛騨守久信が大将義久の寵臣《ちょうしん》大塚与三右衛門の讒言《ざんげん》がもとで殺された。大塚の背後に、元就の謀略の糸が動いていたといわれる。この衝撃的事件により、多くの城兵が義久に見切りをつけ、落人は日を追ってその数を増していった。そして、三度目の麦薙《むぎなぎ》の煙が富田城下を包んだ。六月には五十人、百人という集団で落ちていった。十月十三日、洗合城の毛利輝元は、厳島の棚守房顕《たなもりふさあき》に手紙を送り、「富田城は日ならず落城するだろう。二、三日前も、宗徒《むねと》の者（主だった者）四、五十人が落ちてきた」（棚守文書）と書き認《したた》めた。

富田落城はもはや時間の問題であった。一年前には、それでも一万余の城兵がいて、富田三面攻撃にも耐え抜いた。それが今、三、四百人に激減していた。「侍は渡り者」というのが、戦国武士の通念であってみれば、苦しい籠城に耐えかね、あるいは将来の一族の存亡を思案して、弱体化した主家尼子を捨てて、新たな主人を求めたとしても、そのことは別段非難されるべきことではなかった。「武士は二君に仕えず」という武士道は、江戸時代に入って成立する。鹿介の生きた戦国時代には、「侍は渡り者」、つまり将来性のない主君はさっさと見切りをつけ、有望な主人に仕えることは、一族の存続のためには、むしろ当然の行為だったのである。

大身家老衆に不信を抱き、主君義久の愚行を眼前に見た鹿介にとって、富田城に留《とど》まる理由は、もはやなに一つなかった。だが、鹿介は渡り者になって、富田城を下城することができなかった。それどころか、ますます毛利への闘志に燃えたのである。鹿介は近世的な忠臣の道を歩もうとしたのではない。尼子勢力の挽回は我らの手にありと高言していた大身家老達が、今や身を屈《かが》めて毛利の降人になっていくこと、主君義久が忠臣宇山久信を、一介の佞臣《ねいしん》の言に動かされて誅殺《ちゅうさつ》したこと、これらを思うとき、噴《ふ》き上げるような激情が、口をついて出るのだった。

「尼子を背負う者は、義久公にあらず、家老衆にもあらず。この鹿介のほかにいるものか」

吐き捨てるように言い放った。落城寸前の富田城にあって、鹿介の目標は尼子再興、出雲奪還という一点に収斂されていった。かつて三日月に祈った立願《りゅうがん》は、三十日以内に武功を樹《た》てさせて下さいという願いであったが、今や尼子再興、出雲奪還という際限のない苦難の願いに変わっていった。

（四）富田落城

永禄九年（一五六六）の秋、いよいよ大詰めが迫って来た。四年間の籠城と毛利の厳しい包囲によって、多くの将兵が毛利に降り、城内は戦意を喪失していた。この機を見て、元就から降伏勧告の使者が来た。義久は残り少ない籠城諸士を集め、意見を求めた。

鹿介や源太兵衛らは、元就が吉田郡山城内で病床にあることを理由に、徹底抗戦を主張した。しかし、義久は老臣吾郷勝久の意見を容《い》れた。

「長い籠城に将兵の多くが命を落とし、その余の者も疲れ果てている。これ以上、いかに努力しても、万に一つも城を持ち堪《こた》えることはできないだろう。残念なれどいったん降伏し、時節の到来を待とう。」

義久の言葉は、鹿介には空虚な響きでしかなかったが、多くの者が賛同したので、降伏勧告を受諾することになった。老翁物語によれば、尼子三兄弟（義久・倫久・秀久）が、しきりに懇望（命乞い）したと書いている。これに対し、吉川元春や小早川隆景らは、総攻撃をかけて殲滅《せんめつ》すべしと元就に迫った。だが、元就は首をたてに振らなかった。

「追いつめられた敵将が、一命を懇望しているのなら、助けてやるのが弓矢の法というものだ。」

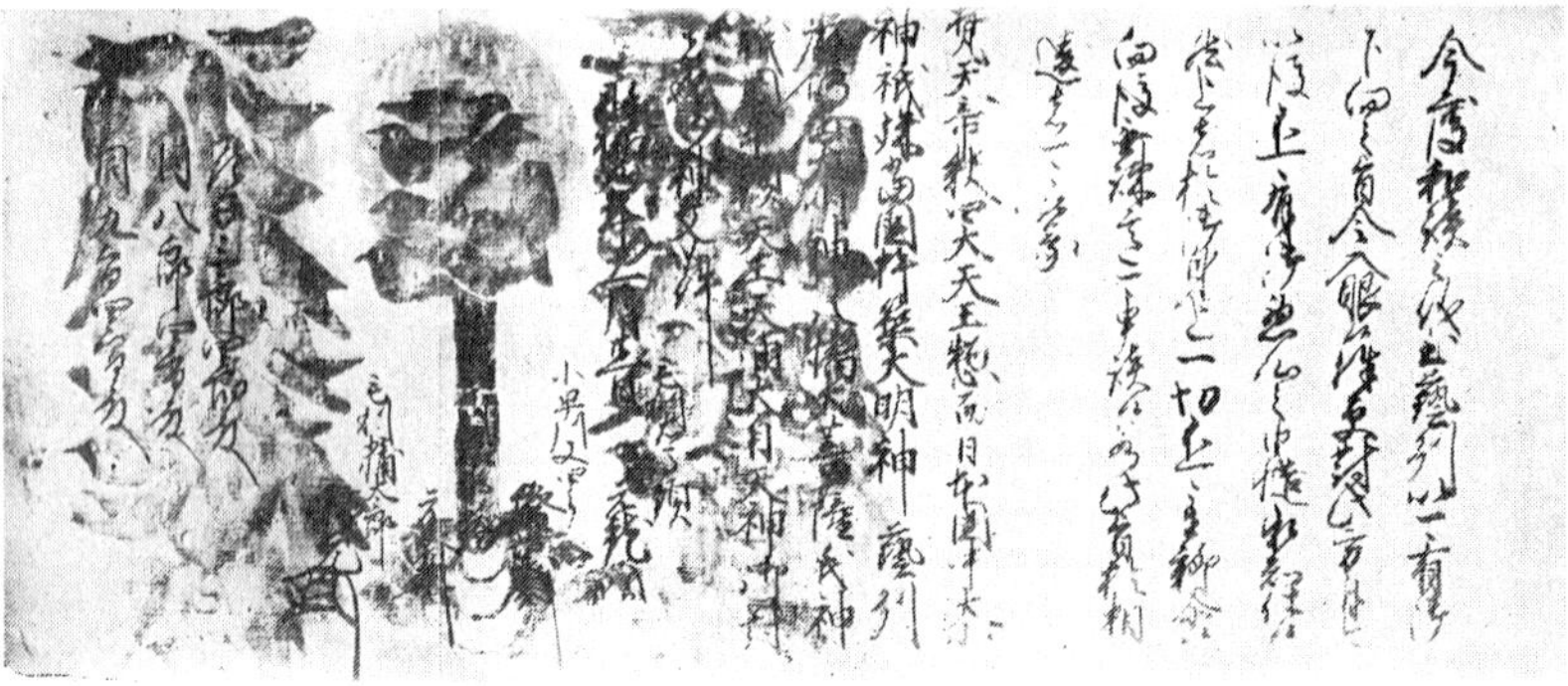

毛利元就ら４名の血判起請文（佐々木家旧蔵文書。島根縣史第７巻所収）

元就は降伏を認め、義久ら三兄弟は富田を下城して安芸へ連行されることになった。義久らは寛大な処置に感謝し、元就・輝元・元春・隆景に起請文《きしょうもん》を呈し、今後決して毛利氏に対し、悪意を抱かないことを神仏に誓った。元就らはこれを了承し、永禄九年（一五六六）十一月二十一日、元就ら四名の連署血判の起請文《きしょうもん》を送り、尼子家が毛利家に対し、今後悪心を持たないと誓った上は、当方においても疎略なく対応することを神仏に誓うとした。こうして十一月二十八日、三兄弟はじめ、城内の全員が城を下《お》り、代わって毛利方の福原貞俊・口羽《くちば》通良《みちよし》が城を受けとって入城した。のちには天野隆重が城督となって城に入った。
三、四年前までは、少なくとも二万の城兵が毛利の猛攻に耐えてきたが、最後までふみ留まっていたものは、わずか百三十四人ばかりに過ぎなかった。うち二十三名は僧侶である。そのリストは、「富田下城衆書立《かきたて》」（佐々木文書）として残っている（二種類）。
落日秋風の尼子の末路は痛ましい。鹿介らは悄然《しょうぜん》と城を下りた。彼らが再び富田山上の土を踏むことはなかった。

（五）永訣《えいけつ》

千余の毛利兵に囲まれた義久らは、杵築大社へ向かった。鹿介も重い足どりで一行の列に加わった。住みなれた富田城をあとにすることは悲しかった。鹿介は義久兄弟が尼子家再興の決意を捨てていることに気付いていた。

「いつか必ず富田城を奪い返してみせる」

鹿介は幼少のころから聞き覚えていた、尼子経久の富田城奪還のあの執念を思い起こしていた。唇を噛んでふり返ると、富田城はいつしか降り始めた白いものにかすんでいた。狼介に受けた膝がしらの傷が、寒風の中でしきりに疼《うず》き出し、ひきずるような重い足どりで黙々《もくもく》と歩いた。

一行が杵築《きづき》（出雲市大社町）に着いたとき、毛利側は鹿介らに、これ以上義久兄弟に随従することを許さなかった。義久の妻でさえ許されなかったといわれる。

雲陽軍実記によると、安芸長田（安芸高田市向原《むかいばら》町）まで従うことが許されたのは、大西《だいさい》十兵衛高由・立原備前守幸隆・本田《もとだ》豊前守家吉・多賀勘兵衛・津森四郎次郎ら二十人（森脇覚書・吉田物語では十人）に過ぎない。鹿介や源太兵衛ら百人ばかりは、杵築で主従の別れの盃を交わした。これが鹿介と義久ら三兄弟との永訣となった。鹿介が別れにあたってどのような感慨をもったか知る由もないが、尼子再興・領国出雲奪還への強い決意がうかがえない主君たちとの別れの場には、冷めた空気が漂っていたであろう。

義久ら三兄弟は、安芸長田の円明寺に幽閉され、二十三年後に解放された。

尼子義久木像（山口県阿武町・大覚寺蔵）

世はすでに豊臣秀吉の天下になっていた。長い幽閉生活は苦痛だったかもしれないが、生命の安全だけは保証されていた。

晩年三兄弟は長門に移り、義久は奈古《なご》（山口県阿武町）で七十一年の安穏な生涯を終えた。鹿介が阿井の渡《わたし》（高梁市落合町）で非業の死を遂げたのは、それより実に三十三年も前のことであった。幽囚の身の義久の耳に、そのニュースが届いていたであろうか。鹿介の尼子再興へのひたむきな戦いは、主君義久らとは全く別の世界でなされていた。鹿介の戦いは尼子の総大将義久個人への忠誠心からではなく、自らの意志によって設定した目標に向かっての戦いであった。だからこそ、主君義久がいなくても、戦いの意志を喪失することはなかったのである。

主君らを見送った鹿介は、空を見上げて呟いた。

「尼子再興、出雲奪還は、この鹿介がやってみせる」

七難八苦の生きざまが、いよいよ始まるのだ。

時に鹿介二十二歳であった。

尼子《あまご》十旗

雲陽軍実記（天正八年〈一五八〇〉序文有り）に載っている。中世、出雲統治の中心であった富田城は、標高一九七メートルの月山《がっさん》に構築された天下の堅城で、敵を寄せつけなかった。その富田城の防衛網として、南・西方向に扇形に配置された十の拠点基地、それが、尼子・毛利の戦いの舞台となった尼子十旗である。

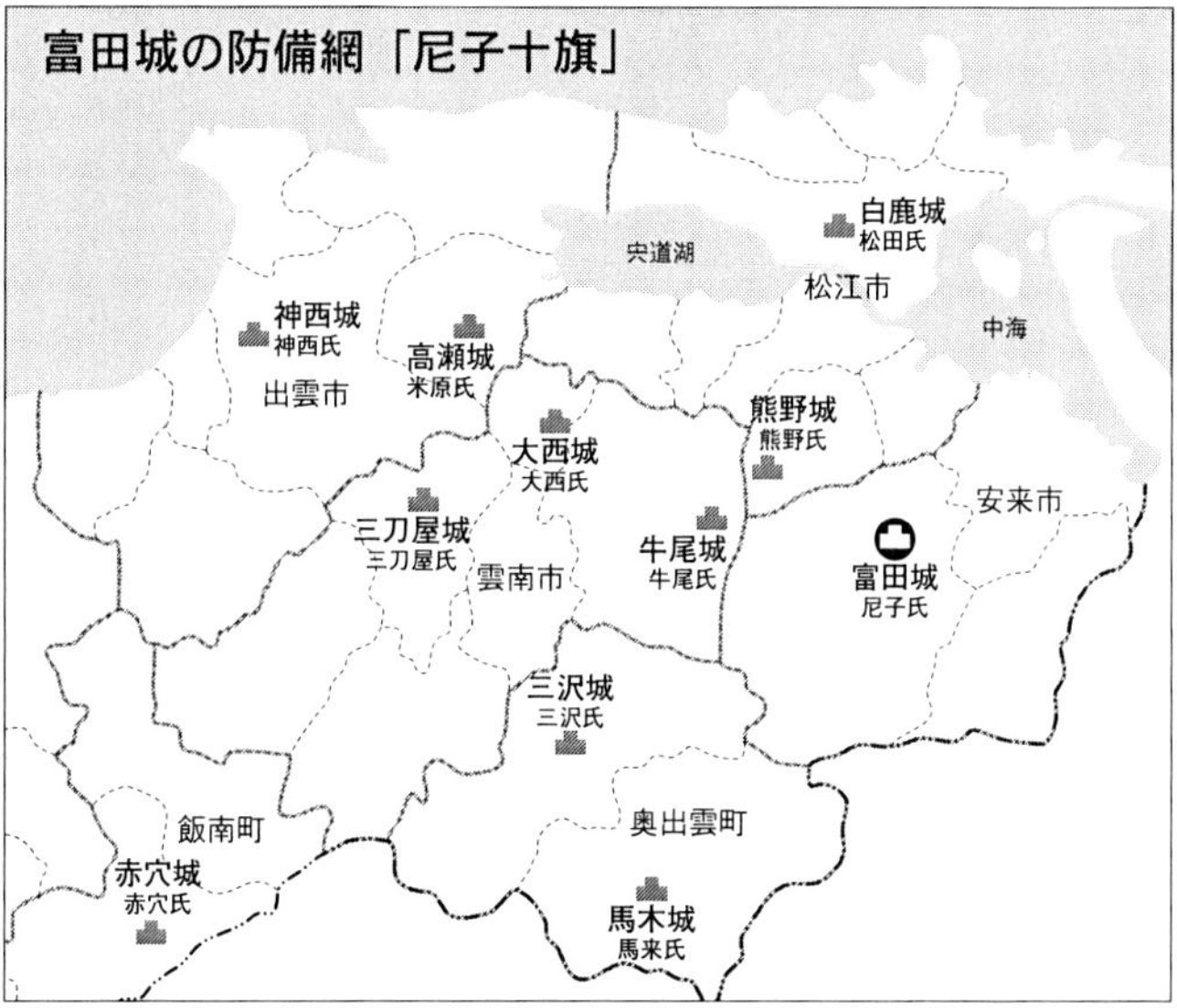

順位	城名	城主名	所在地
第一	白鹿城	松田誠保	松江市法吉町
第二	三沢城	三澤氏	仁多郡奥出雲町
第三	三刀屋城	三刀屋氏	雲南市三刀屋町
第四	赤穴城（瀬戸山城）	赤穴氏	飯石郡飯南町
第五	牛尾城	牛尾氏	雲南市大東町
第六	高瀬城	米原氏	出雲市斐川町
第七	神西城	神西氏	出雲市東神西町
第八	熊野城	熊野氏	松江市八雲町
第九	馬木城（夕景《ゆうげ》城）	馬来氏	仁多郡奥出雲町
第十	大西《だいさい》城（高佐城）	大西氏	雲南市加茂町

大部分の城は、国人領主の居城であるが、白鹿城だけは戦略上の軍事的城塞で、歴代城主の居城ではなかった。

第五章　七難八苦

（一）出雲入国

残された尼子の遺臣たちは四散した。老翁物語によると、「右の衆皆々御追放候」とあるから、追い払われるように杵築《きづき》を去っていったのだろう。鹿介は品川大膳に受けた刀傷が痛んだので、そのまま杵築で越年し、翌《あ》くる永禄十年（一五六七）湯治のために有馬温泉に向かった。立原源太兵衛も毛利の勧誘をけって上方《かみがた》へ去った。これより二年ばかり、鹿介の確かな足どりはつかめない。

鹿介はやがて京へ上って源太兵衛に会い、ついで東国の状勢をさぐる旅に出たといわれるが、少なくとも、永禄十一年（一五六八）夏頃には京都にいたと思われる。鹿介は其処《そこ》で重大なニュースを耳にした。

一つは、毛利勢の主力が九州に出陣し、大友宗麟《そうりん》と激戦を展開しているため、富田城を守護する天野隆重の二百人余の兵力以外、出雲の毛利勢は空白に近い状態だという情報である。尼子残党にとって、出雲へ反転攻勢をかける好機である。

もう一つのニュースは、天文二十三年（一五五四）十一月の新宮党事件のとき、乳母《うば》の懐《ふところ》に抱《いだ》かれ、辛《かろ》うじて落ちのびた尼子誠久《さねひさ》の遺児が、備後東城（庄原市）の徳雲寺で養育され、のち京都東福寺の僧になっているという情報である。当時十七歳、鹿介より八つ年下の禅僧である。

徳雲寺の伝鹿介首塚（庄原市）

出雲へ反転攻勢を仕かけるには、尼子残党のシンボルとして、どうしても尼子の血筋をひく人物が必要である。その恰好《かっこう》の人物が東福寺にいたのである。

出雲の情報は、出雲から上京してきた秋《あき》上《あげ》三郎右衛門綱平・庵介久家父子によってもたらされたといわれる（「国造火継日記」北島家文書）。もちろん京都で収集した情報もあったに違いない。

鹿介は東福寺に赴き、若い禅僧に懇請した。

「尼子遺臣の大将となって、我々と共に尼子家の再興、領国出雲奪還の旗を上げていただきとうございます」

鹿介の熱誠あふれる言葉に、若き禅僧は莞爾《かんじ》として墨染《すみぞめ》の衣を脱ぎ捨て、甲冑《かっちゅう》を着ることを約束した。禅僧は安穏な道を捨て、七難八苦の荒波に立ち向かう決心をしたのであった。

甫庵太閤記によれば、この僧は泉州堺で桑門の身となったとし、吉田物語は大徳寺で出家したとしているが、雲陽軍実記や陰徳記では東福寺としているので、これに従いたいと思う。

鹿介がどんなルートで新宮党の遺孤《いこ》のニュースを耳にしたのか、その真相は分からないが、雲陽軍実記や陰徳記には、当時、大和信貴山《しぎさん》城に拠《よ》る戦国大名松永久秀の客分になっていた横道兵庫助秀綱・同権允《ごんのじょう》兄弟が知らせたとしている。

若き禅僧は還俗《げんぞく》して尼子孫四郎勝久と名乗った。諸軍記によると、勝久は生来一軍の大将となる器量を持っていたという。甫庵太閤記では、「武術にたしなみ深く、身も軽く、七尺の屏風を一瞬のうちに躍《と》び越えるほどだった。その上、部下庶民を撫育《ぶいく》する度量も持った逞しい人物である」と評している。陰徳記には、「再び尼子家の大将として仰がれるべき器量を天性具備し、力量早業《はやわざ》は人に越えていた」として、その武術に秀《ひい》でている点を特に強調している。幼少より仏門に入った勝久が、どこで武術を修得したのか疑問に思われるが、勝久が決して凡庸な人物ではなかったことは認めてもよいと思われる。

鹿介や源太兵衛らは、勝久を大将として推戴《すいたい》し、出雲反攻の檄《げき》を畿内に潜伏している尼子残党に飛ばすと、各地から六十三名が馳けつけたという。そのなかには、横道兵庫助秀綱・権允兄弟・真木惣右衛門・吉田八郎左衛門・三刀屋蔵人家忠・牛尾弾正忠などの顔があった。出雲から上洛した秋上綱平・庵介親子の顔も見られた。

永禄十二年（一五六九）五月、勝久を大将とする一行は、都を発《た》って但馬へ急ぐ。雑兵をふくめても三百人余りの小勢であった（陰徳記・吉田物語は二百余人、甫庵太閤記は五百余人とあるが、ここでは雲陽軍実記に従った）。但馬には垣屋播磨守や海賊大将奈佐日本之助《なさやまとのすけ》らが待ちうけていた。日本之助は香住《かすみ》の港（兵庫県香美町）を本拠地として、山陰沿岸で通商交易を行う水軍の首領であろう。海賊というと聞こえが悪いが、要するに水軍なのだ。

日本之助の船に乗っ

尼子四郎勝久画像「太平記英雄傳」所収
（島根県教育委員会）

て香住の港を出帆した勝久・鹿介らは、隠岐へ向かった。隠岐島後《どうご》の領主隠岐為清は、同族の誼《よしみ》もあって歓迎し、金品や兵粮、それに船も提供した。勝久ひきいる尼子反攻軍は、準備を整えて隠岐を出帆し、六月二十三日千酌《ちくみ》浦（松江市美保関町）付近に上陸し、忠山《ちゅうやま》（美保関町）に陣を構え、四方に潜伏する尼子遺臣に檄を飛ばせた。すると、森脇久仍《ひさより》・横道源介・熊野兵庫介・目賀田采《めかたうね》女《め》・大山教悟院衆徒《きょうごいんしゅと》など三千余人が参集したという。例の軍記物の誇張であろうが、かなりな人数が集まったのは疑いない。雲陽軍実記や陰徳記では、真っ先に馳せ参じたのは秋上綱平・庵介父子だとしているが、前述のごとく、秋上父子は上京し、鹿介らと共に出雲反攻軍の一員として京都から下って来たと考えられるので、真っ先に馳せ参じたのは、秋上の郎従たちだったと思われる。

勝久には生まれて初めてみる故国出雲の山河だった。鹿介らにとっては、二年半ぶりの故郷であった。この日の到来することを、鹿介は夢寐《むび》にも忘れなかった。永禄十年（一五六七）の正月、寒風のなかを逐われるように出雲を去った鹿介である。それだけに、故郷の感懐はいかばかりだったろうか。

海抜二九〇メートルの忠山の頂《いただき》からは、中海を越えて遙か南方に富田の山々が見えた。そこには、毛利の智将天野隆重が守りをかためているはずである。いよいよ富田城を奪取する時節《とき》が来た。鹿介は富田の山々を睨《にら》みながら大きく

忠山遠景（松江市美保関町）

息を吸った。

やがて鹿介らは、より強固な城山である新《しん》（真）山城《やま》（松江市法吉町）を攻撃し、城将多賀左京亮元信を駆逐《くちく》して、本営を忠山から新山に移した。

新（真）山山頂の尼子勝久碑（松江市法吉町）

新山城は白鹿城の東北にそびえる二五六メートルの山である。雲陽軍実記によると、平安時代の末期、薩摩守平忠度《ただのり》が築いたという。雲陽誌という地誌によれば、永禄六年（一五六三）毛利軍が白鹿城を攻撃したとき、吉川元春が新山に陣を布《し》いたという。地形的に、新山を白鹿の向城《むかいじろ》にするのは理にかなっているが、彼が新たに城を築いたのではあるまい。もともと城があったところを利用したものであろうが、さりとて平安末期から城があったかどうか、現在のところ確かな史料は見当らない。白鹿城落城後、毛利はその城郭を破却し、代わって新山城を重要拠点とし、元春の後、多賀元信を城将とした。

かつて元就が、富田城を攻略する前段階として、白鹿城を真っ先に攻めたように、鹿介らも富田城を奪取する前に、なによりも先ず新山城を攻略しなければならなかったのである。そうした尼子軍の猛攻を受け、城将多賀元信はあっさり城を明け渡した。

尼子勝久・鹿介らはここに本営を設けると、続いて末次城を奪い、宍道湖岸に土居を構えた。末次城については、現在松江城のある亀田山説と、以前毛利元就が前線本部を置いた洗合城付近とする説とがあって、容易に判断できないが、一応亀田山ということにしておく。

勝久・鹿介らは目ざす富田城奪還のため、富田城山の周縁部にあたる宇波《うなみ》・山佐《やまさ》・布部《ふべ》・丸瀬《まるせ》など十余か所に支城を築いた。かくして、天野隆重の籠もる富田城は完全に孤立した。

この情勢をみた出雲国内の武士たちは大きく動揺し、尼子に復帰するものが続出した。末吉城（鳥取県大山町）の城将となっていた神西元通《じんざいもとみち》も帰ってきた。毛利に従って九州に出陣していた高瀬城（出雲市斐川町）の米原綱寛《つなひろ》も、はるか彼の地で尼子に復帰することを決意した。大友宗麟《そうりん》も尼子勝久らに呼応して、毛利を挟撃《きょうげき》しようと、ひそかに鉄砲・弾薬を送り込んだといわれる。永禄十二年（一五六九）の秋ごろには、おそらくだれの目にも、尼子の出雲奪還は成功するかに見えたのである。

このころ、尼子勝久はしきりに旧臣に知行地を給与し、社寺領の安堵も行って、懐柔につとめている。それらの安堵状を見ると、ほとんど勝久の奉行人《ぶぎょうにん》たちの連署状の形式をとっている。奉行人の顔ぶれは、鹿介・源太兵衛をはじめとして、中井久家・屋葺幸堅《やぶきゆきかた》・津森幸俊・河副《かわぞえ》久盛・目賀田幸宣《めかたゆきのぶ》・横道秀綱らであった。尼子反攻軍の実質的指導者は、これら奉行人たちであった。とりわけ、鹿介と源太兵衛がその中心人物であった。

孤立した富田城に対し、稲薙《いねなぎ》や糧道遮断によって、今度は尼子が報復する番である。富田城の天野隆重からは、幾度となく救援を求める使者が安芸吉田へとんだ。しかし、毛利の主力は北九州の陣にあったから、どうすることもできなかった。

富田城将隆重は、寡兵《かへい》ながらあらゆる戦略を駆使してよく守った。秋上庵介は隆重の計略にまんまとかかって、富田城麓で惨敗した。鹿介や源太兵衛も攻撃を仕かけたが、ついに抜くことができなかった。富田城は難攻不落の堅城である。鹿介らはかつてその堅城に支えられて、毛利の猛攻に耐えたのだが、今や攻守ところを替え、堅城なるがゆえに、わずか二百余の天野勢を攻めあぐねたのである。

(二) 隠岐為清の乱

鹿介らは富田城を奪回できぬまま、鋒先を出雲西部に転じ、石見の毛利勢と原手郡《はらてぐん》で戦い、勝利をおさめた。原手郡とは神門《かんど》郡や出東《しゅっとう》郡など、現在の出雲市の平野部分を指すものと思われる。勝ちに乗じた鹿介らは、石見に進出しようとしたが、その時、伯耆の大山寺教悟院から使者が来た。教悟院は大山寺寺院集団のなかでも、特に僧兵を多くかかえている寺院である。

「伯耆の国人のなかには、尼子に志を通じようとするものが数多《あまた》おります。されば当国へ御出張《おでばり》あれば、国中ことごとく尼子の手になびきましょう。東伯耆の毛利方小鴨《おがも》氏の岩倉城（倉吉市）は、すでに備前浪人たちによって攻め落とされました。残るは尾高城の杉原盛重のみです。御発向あらば、われわれ教悟院が手引きいたしましょう。」

鹿介は出雲の大半をおさえた矢先であったから、この教悟院の申し出に応じ、反転して伯耆に向かうことにした。永禄十二年（一五六九）八月のころである。ところが、突如意外な事件のために、伯耆進攻を中止しなければならなくなった。事件というのは、隠岐為清が突如富田城の天野隆重に内通し、美保関において叛乱を起こし、民家に火を放って宝寿寺山にたて籠もったのである。ちょうど雲伯国境付近にいた鹿介らは、急遽《きゅうきょ》美保関に渡って乱を鎮圧しようとしたが、輸送の船舶が少なかったので、鹿介・源太兵衛・遠藤甚九郎・疋田右衛門など二百五十人ばかりが美保関に敵前上陸した。宝寿寺山の隠岐為清は、自ら陣頭に立って死にもの狂いで反撃したので、尼子軍は次第に押され、ある者は渚の方へ、ある者は山手の方へ逃《のが》れていった。鹿介や源太兵衛は美保神社の境内へ後退した。

　隠岐勢は尼子の雑兵《ぞうひょう》には目もくれず、鹿介ら主だったものを討ちとろうと、美保神社の鳥居の内へ追って行き、石段近くで追いついた。鹿介は逃れられずとみてとって返し、追手の先頭にいた中畑藤左衛門と渡り合った。藤左衛門の鋭く突き出す槍をかわした鹿介は、しお首（槍の穂先の柄に接した部分）をつかんでぐいと引くと、藤左衛門は思わず前へよろめいて、鹿介の足元に倒れた。すかさず刀をふりおろしたが、手元が狂ったのか、きっ先が石段に当たって目釘の際《きわ》よりポキリと折れてしまった。「南無三しまった」と脇差を抜かんとしたが、すかさず藤左衛門の弟忠兵衛が、気合鋭く突きまくるので、鹿介はほうほうのていで社殿の裏山へ逃げ込んだ。源太兵衛も後から逃げ込んだ。窮地に追い込まれた二人は、ほとんど危うくみえたが、この時折よく横道兄弟や松田誠保らの二番手百五、六十人が到着し、隠岐勢の背後をついたので、形勢は逆転し、隠岐勢は総崩れとなった。為清は小船に飛び乗って辛うじて脱出し、隠岐へ帰ったが、残った隠岐の兵は、捕えられて大根島《だいこんしま》（松江市八束町）に送られた。のち、為清は大根島の捕虜と引きかえに、美保関へ来て切腹し、隠岐島後は弟清家が支配するようになった。

以上のような為清叛乱の模様は、雲陽軍実記・陰徳記・甫庵太閤記などに出てくるが、不思議なことに、これに関する当時の古文書・古記録が全く見当らない。事件の起こった月日も定かでない。為清が叛乱を起こす理由もいまひとつ判然としない。又、事件を起こしたのは為清ではなく、弟の清家だという説もある。そこで、この事件そのものを疑う見解もある。しかし、雲陽軍実記と陰徳記という系統の違う軍記物に載っているところをみれば、実在の事件と考えてよいのではなかろうか。その時期は、永禄十二年（一五六九）九月～十月ごろと考えられる。

鹿介も源太兵衛も、全く危うい状況に追い込まれていた。横道兄弟ら二番手の到着が遅ければ、どうなっていたか分からない。まさに僥倖ではあったが、鹿介の執念が自分の生命《いのち》を救ったとも云えるだろう。

(三) 布部山の戦い

為清の叛乱は、籠城に苦しむ富田の天野隆重に時をかせがせることになった。それだけに、一応鎮圧に成功したものの、鹿介ら尼子勢にとっては痛手であった。

そのころ、元就も苦境にあった。大友宗麟との宿命の抗争は、将軍義昭の調停にもかかわらず、宗麟が肯《がえ》んじなかったため、講和休戦にまでは進展しなかった。

元就が北九州に主力を集中している虚《きょ》に乗じ、尼子勝久を首領に戴《いただ》く鹿介らの尼子勢は出雲に反撃し、備中の藤井皓玄《こうげん》などの国人衆も、これに呼応して反旗をひるがえした。

元就は苛立《いらだ》った。その彼に、さらに追い打ちをかけるように、永禄十二年(一五六九)十月十一日、突如、大内輝弘《てるひろ》が防長の旧地を回復しようと、周防の秋穂浦《あいお》（山口市）に上陸し、長駆《ちょうく》、山口に乱入したのである。輝弘は大内義隆の従兄弟《いとこ》に当たり、大友宗麟のもとにあって庇護を受けていた。当時、長府（下関市）の陣にいた元就は、敵を腹背に受けて窮地に立った。だが、このような時、いつでも発揮されるのが、毛利両川《りょうせん》（吉川元春と小早川隆景）の固い団結と智謀ぶりである。

元就の命によって、筑前立花（福岡市・新宮町・久山町）の陣所から撤退して、長府に帰った両川は、二十一日大内一党を山口に殲滅し、輝弘を富海《とのみ》（防府市）に自刃させた。こうして元就の本隊は、無事安芸吉田に帰還した。

そこで待ちうけていたのは、風雲急を告げる出雲の情勢であった。天野隆重からは、連日のように急使が到着していた。長途の疲れを癒やす余裕はなかった。永禄十二年（一五六九）もおしつまるころ、郡山城内では軍議が続いた。そして新年の賀を寿《ことほ》ぐいとまもなく、永禄十三年（一五七〇。四月改元して元亀元年）正月五日をもって、出雲救援出発と議定《ぎじょう》された。

毛利輝元を惣大将とし、両川を補佐とする毛利軍一万三千余は、雪深い中国山脈を越え、石州都賀《つが》（島根県美郷町《みさと》）を経て出雲赤穴《あかな》（島根県飯南町《いいなん》）に着陣した。一方、水軍の将児玉就英《なりひで》は、大小二百艘をひきい、兵糧軍需物資を積んで杵築《きづき》浦（出雲市大社町）に向かった。

赤穴の毛利軍は北上を開始し、正月二十八日飯石郡の中部に進出、多久和城（雲南市三刀屋町）を攻略した。援軍に赴いた秋上庵介・福山次郎左衛門・遠藤甚九郎らは、戦わずに城を焼いて退却した。近隣の国人たちは、風《ふう》をのぞんで相前後して輝元に降礼をとり、毛利軍の威勢は強大になった。毛利軍は掛屋《かけや》（雲南市掛合町）と馬木（島根県奥出雲町）の間に守備兵を配し、この方面をかためると、主力は鴨倉山《かもくら》（奥出雲町）を経て西比田（安来市広瀬町）に進んだ。

尼子勢はこの情勢に緊迫の度を深めた。勝久や鹿介らは末次城に諸将を集め、軍議をこらした。尼子勢は毛利軍が来援する前に、富田城を奪取すべきであった。天野隆重が死守する富田城を攻めあぐねたとしても、ここを落とさずに出雲西部や伯耆へ進攻すべきではなかった。出雲の大部分を制圧すれば、労せずして富田も落城するだろうという甘い見方が鹿介らにあったのではないか。結果的に毛利に時をかせがせることになった。鹿介にとって、悔いの残る痛恨事であったに違いない。

富田城をいまだ落とせない今となっては、なにがなんでも毛利の援軍を富田の手前で阻止《そし》し、撃退しなければならない。もし援軍が富田城に入れば、富田城奪還の悲願は消滅してしまうことになるのだ。

鹿介は主君勝久を新山城にとどめ、富田の南方十二キロの布部《ふべ》山（安来市広瀬町）に向かった。尼子勢は約六千七百人、毛利救援軍のおよそ半分である。

まず山中口（本道筋）には牛尾久時・横道権允高宗・源介高光兄弟・遠藤甚九郎ら千余人を第一陣とし、秋上庵介久家・熊野久忠・松田誠保ら千七百余人が二陣に控えた。

西方水谷口では、森脇久仍《ひさより》・米原綱寛《つなひろ》・中井久家ら二千余人の第一陣、鹿介・源太兵衛・加藤政貞ら千五百余の第二陣が守備を固め、遊軍五百余、さらに大友宗麟から贈られた鉄砲四百挺を構える銃手も両口にひかえた。

布部山全景（広瀬町）

二月十三日夜、折から降りしきる雪の中を、毛利軍は西比田の屯所を出発した。十四日未明、寒風と積雪の布部山麓で両軍の激戦が始まった。殷々《いんいん》たる銃声と怒号があたりにこだまし、真っ白の雪はたちまち鮮血に染まった。どちらも一歩も退《ひ》けなかった。「敵味方の精兵ども入り乱れ、尼子毛利の国争いも今日を限り」（雲陽軍実記）と見えたほどであった。

地理に明るい尼子軍は、はじめは優勢であったが、多勢を誇る毛利軍にじりじりともり返され、しかも毛利の一隊に背後をつかれたため、午後になって総崩れとなった。尼子方の戦死者二八五人、毛利方一一二一人であったといわれる。神西元通・米原綱寛・牛尾久時・熊野久家らは、辛うじて自城へ逃げ帰った。鹿介の富田城奪還の夢はむなしく消え去った。

布部の快勝を耳にした郡山城の元就の喜びは大きかった。大友宗麟との戦いが、いたずらに時と人命を失う不毛の戦いだった上に、出雲まで失うとなれば、元就の打撃は余りにも深刻である。それだけに、布部の勝利によって、出雲確保の目途《めど》がついたときの元就の喜悦がおしはかられる。元就は二月十八日輝元に書状を送り、「このたびの大勝はなんといったらいいだろう。この上なく目出たいことだ。このようなことは全く古今稀《まれ》なことだ。御冥加《みょうが》の至りである」（毛利家文書）と、自分の気持を率直に述べている。

鹿介は山佐口（安来市広瀬町）から逃れた。退却する尼子軍の殿《しんがり》として、追ってくる毛利兵を切り払いながら必死に逃げた。敗残の将士が次々と末次城に帰ってきたのに、鹿介の姿は現われなかった。勝久をはじめ城内のもの一同は、安否を気づかって不安に沈んでいた。

鹿介が手傷矢傷を負い、凍《い》てついた道を引きずるような足どりで末次城にたどりついたのは、その日の夜半であった。一同はホッとして愁眉を開いた。この頃は、鹿介のいない尼子軍は、舵《かじ》のない船にもひとしかった。二十六歳の青年鹿介は、それほど尼子にとって不可欠の人物になっていた。

鹿介は意外に元気であった。無念さは限りなかったが、敗北感にうちひしがれるようなことはなかった。鹿介は敗走する道すがら、次の作戦を考えていた。鹿介の強靭さは、このような窮地のとき、くっきりと浮かび上がるのである。

鹿介は末次城を補強して、毛利の進攻を食い止めようとした。しかし、二月二十四日吉川元春の攻撃によって末次は落ち、勝久や鹿介らは、辛くも新山城に逃げ帰った。四月十七日には、輝元・元春らの毛利軍は、牛尾城（三笠山城とも）（雲南市大東町）の牛尾弾正忠久時を攻め、城主以下一八七人が戦死して城は落ちた。その時の頸注文が残っている（毛利家文書）。これだけ多数の戦死者が出たのは珍しい。それだけに、勝久や鹿介らの尼子勢にとって大きな衝撃であった。

毛利軍はひき続き古志重信の守る戸倉《とくら》城（出雲市稗原町）を攻略し、大津から鳶《とび》ヶ巣《す》城（出雲市西林木町）に至り、ここを拠点に平田手崎《てざき》城（出雲市平田町）を攻略し、米原綱寛の高瀬城（出雲市斐川町）と対峙した。

（四）秋上父子毛利に降る

五月に入り、勝久や鹿介らにさらなる衝撃が待ちうけていた。それは、秋上三郎右衛門綱平・庵介久家（のち宗信）父子が毛利に降ったことである。秋上父子は大庭《おおば》大宮（神魂《かもす》神社）の神官の一族であったが、社家としての活動よりも、むしろ軍事を優先していた。といっても、拠城を構えているわけでもなく、配下の軍事力をどれほど持っていたのかも不明である。しかし陰徳記によれば、永禄六年（一五六三）の白鹿救援のとき、主力の第一陣、すなわち亀井能登守秀綱・佐世伊豆守清宗・牛尾遠江守幸清・宇山飛騨守久信など、そうそうたる家老級武将に互して秋上三郎左（右カ）衛門・同伊織助（庵介）の名が見える。鹿介や源太兵衛

秋上庵介画像(「尼子十勇士図」広瀬町・城安寺蔵)

は近習衆として後陣にひかえていた。

このことから考えると、秋上父子はかなりな家臣を擁していたものと考えられる。庵介は鹿介とともに尼子十勇士の一人とされ、鹿介と品川大膳の一騎打ちのとき、鹿介のピンチを救った男でもある。以来鹿介の盟友として戦い、富田落城のときも、最後まで残留(父綱平の名は見えない)し、富田下城衆書立(佐々木文書)にもその名を留めている。尼子勝久ら尼子残党の出雲反攻に際しても、秋上父子は八方奔走した。鹿介にとって若い頃からの盟友であった。

その庵介が突如変心して毛利に降ったのである。鹿介は思わずわが耳を疑った。庵介が降伏するにあたって、毛利の家臣野村士悦《しえつ》や、一足先に毛利に降っていた清水寺（安来市）大宝坊の宗信《そうしん》が斡旋《あっせん》の労をとった。元亀元年（一五七〇）五月十六日、元就は元春・隆景に宛てた書状の中で、「幾度申しても、このたびの庵介の降伏は、喜ばしい限りである。このチャンスを逃さず、庵介を利用して尼子残党の降伏をすすめるがよかろう」（毛利家文書）と述べて、嬉しさをかくさなかった。それほど庵介は、毛利側から見れば貴重な人物だったのである。元就の喜びが大きいほど、尼子の痛手は深刻であった。

雲陽軍実記によれば、庵介の離反は鹿介との対立のためだったという。すなわち、忠山に駈けつけた庵介に対し、大将勝久は、雲州を奪回して本望を遂げたあかつきには、鹿介と並んで家老とし、抜群の恩賞も与えようと約束したのに、事実は全く違い、鹿介のみ事を専断し、庵介は一介の平武将としてしか扱われなかったため、大きな不満をいだいていた。毛利はそこにつけ入って、平田近辺で千貫の地を加増するという餌《えさ》で、巧妙に庵介を誘ったのだという。雲陽軍実記の記述は、恐らく事実に近いものだろう。

秋上庵介久家（永禄十二年九月頃以後は宗信と改める）は、尼子配下にいるときから任じられていた森山城（松江市美保関町）の城番職を、毛利に降ってからもそのまま保持し続けた。境水道を扼《やく》す森山城を失った尼子は、軍事的に大きな痛手をこうむることになった。

少年のころから互いに親昵《しんじつ》してきた盟友庵介との訣別は、鹿介にとって耐えがたいことだったに違いない。陰徳記によると、最後の別れに訪れた庵介が、父三郎右衛門綱平が毛利に降ろうとしたので、子たるべきものは親に従わなければならなかったと釈明しているが、事実かどうか明らかでない。

しかし、鹿介はくじけなかった。くじけるどころか、ますます孤忠を貫《つらぬ》こうとした。

こうして、元亀元年（一五七〇）八月ごろには、出雲の尼子勢力は、新山・高瀬二城に籠もるだけとなった。だが、この微々たる尼子勢が、なおその後一年余、出雲で余喘《よぜん》を保ったのはなぜだろうか。

（五）鹿介、尾高城捕囚

その大きな理由は、元就の病状が悪化したからであろう。元来、元就はたいへんな節制家であった。父も兄も大酒がもとで若死していたから、元就はほとんど酒を飲まなかった。身も心もすりへるような戦陣生活を送りながら、なお矍鑠《かくしゃく》たる健康体を保持したのは、自分の身体《からだ》に細心の注意を払っていたからである。元就が出雲遠征中に体調を崩したとき、天下の名医曲直瀬道三《まなせどうさん》を京都から洗合城に呼び寄せているのは、元就らがいかに健康を慮《おもんばか》っていたかを物語っている。しかし、寄る年波には勝てなかった。元亀二年（一五七一）二月、布部合戦の大勝のニュースに安心してか、郡山城内で重い病いにかかった。一進一退をくり返すうち、六月十三日危篤状態となり、翌十四日七十五年の波瀾の生涯を終えた。偉大な屋台骨の死は、毛利勢力に深刻な痛手を与えることになり、一時的ながら出雲における毛利の軍事力は低下した。尼子残党がしばしの余喘を保つことができたのはそのためである。

元亀元年（一五七〇）から二年にかけて、熊野城（松江市八雲町）、戸倉城（出雲市稗原町）などが落ち、ついで元亀二年（一五七一）三月、米原綱寛の守る高瀬城（出雲市斐川町）が陥落すると、出雲における尼子の拠点は、新山城だけとなった。勝久や鹿介らの夢は、まさに消えなんとしていた。

吉川元春が父元就の訃報《ふほう》を耳にしたのは、占領した高瀬城においてである。輝元や隆景は、元就重病の報《しら》せを受けて、すでに吉田に帰っていた。元春だけが出雲に留まっていた。情勢が帰国を許さなかったこともあるが、むしろ出雲にふみ留まって、尼子残党を討滅することが、父元就に対する無二の孝養《きょうよう》だと思ったからである。

そのころ、鹿介は伯耆の末吉城（末石城とも。鳥取県大山町）にいた。鹿介がいつ新山城の勝久と別れて、末石に移ったのか分からない。元亀元年（一五七〇）十月から翌二年三月ごろまでの間、鹿介の足どりは杳《よう》としてつかめない。おそらく、八橋《やばせ》城（鳥取県琴浦町）の福山次郎左衛門茲正、横道源介高宗、あるいは大山教悟院の衆徒と連繋し、尾高城（米子市尾高）の杉原盛重を討ち、

吉川元春画像（岩国市・吉川史料館蔵）

伯耆に尼子の拠点を築こうとしたのであろう。鹿介は元就の死を末吉城で耳にした。鹿介にとって、眼前の巨岩が崩れ落ちたように思われた。一瞬、尼子残党に理運がめぐってくるという思いがした。

　元亀二年（一五七一）六月二十日、吉川元春は宍《しし》戸《ど》隆家・口羽通良ら一万余をひきい、大山教悟院を討伐すると言いふらし、高瀬城を出発して伯耆へ向かった。父元就の訃報を受けてからいくばくも経っていなかった。明らかに弔い合戦の出陣である。吉川軍は伯耆に入ると、大山へは行かず、鹿介の籠もる末吉城に向かい、夜に乗じて包囲した。

　末吉城は国道九号線からＪＲ大山口駅へ曲がる三叉路付近と考えられている。

このあたりは大山の裾野がなだらかに日本海に延び、末吉城はその台地上に構築された平城《ひらじろ》だったらしい。平城といっても、周囲に土居や空濠《からぼり》が築かれ、たやすく攻め落とされるものではない。元春は三日をついやし、労力を総動員して土塁の外に三重の櫓を造り、ここから鉄砲、石つぶてをどんどん打ち込んだ。意表をつかれた鹿介は城兵四、五百人で防戦につとめたが、万策尽きて宍戸・口羽両将を通じて元春に降伏を申し出た。

「拙者を家来に召置かれますなら、新山攻撃の先手《さきて》を仕り、ずい分と忠義を尽くしましょう。さすれば新山もほどなく落城し、勝久を討ち果たすこともできます。」

　だが、元春は鹿介の降伏を疑った。

「鹿介は智勇人に超えている。彼奴《きゃつ》を助けることは、虎を野に放つようなものだ。首を刎《は》ねないと、きっと後で災《わざわ》いとなるだろう。」

　これに対し宍戸・口羽の二人は、

「敵に強きは味方にも強いと諺にも申します。毒も使い方によっては、良薬となりましょう。」

「いやいや、鹿介の今までの行動を見れば、どうして二君に仕えることがあろうか。ただ当座の命を助かりたいために、偽《いつわ》って降参を申し出ているのだ。それが見抜けない御辺《ごへん》らは、ちと心が浅いといわねばならぬ。」

元春の口調は厳しかった。しかし、両人がなおも懇請するので、元春もそれほどまで言うならと、彼らの意見を容《い》れ、一命を助けることにし、しばらく尾高城に幽閉して、杉原盛重が監視することになった。鹿介が本当に降参したかどうか、真意を見定めようとしたのである。

上記の会話の部分は、陰徳記をもとに組み立てたものだが、恐らく事実に近いものと思われる。

降伏を許された鹿介は、尾高城に入る前に元春と対面した。四十二歳の男ざかりの元春と、二十七歳の青年鹿介は、どんな目差《まなざし》で向かいあっただろうか。二人は互いに対決の宿命を負い続ける。単に火花の散るほどの敵意がほとばしるだけではなく、お互い心の奥底に、微かな敬愛の念が湧かなかっただろうか。

後年、二人は再び対面の機会をもつ。しかも同じような条件のもとで。そこでは、もっとはっきりと敬愛の念が現われるはずである。

（六） 尾高城脱走

尾高城のある尾高の地は、大山の西北麓に位置し、旧出雲街道が通り、それを経由して美作《みまさか》・備後《びんご》に通じる交通の要衝であった。だから、この地に軍事拠点が設けられたのは、至極当然のことであった。

尾高城はもと伯耆西部における毛利党の重鎮、行松正盛入道《ゆきまつしょうせい》の居城だったが、彼が病没した後、備後神辺城《かんなべ》（福山市神辺町）の城主杉原盛重《もりしげ》が、行松の妻女をめとって尾高城に入った。盛重の入城によって、伯耆の毛利勢は一段と強化され、尼子は苦しめられることになった。

盛重は元春と同じように、鹿介の降伏を信用していなかった。一方、鹿介は厳しい監視のなかにあっても、気がかりなのは新山城の主君勝久のことである。

ある日のこと、車尾《くずも》・三柳《みつやなぎ》（いずれも米子市）辺りに配していた盛重の手の者が、怪しい男を捕《つかま》えた。調べてみると、鹿介が新山城の勝久のもとへ送った密使であった。懐《ふところ》に持っていた密書には、「末吉城を包囲され、不覚にも尾高城に幽閉されてしまいました。しかし、必ず脱出しようと思っています。いましばらく待っていて下さい。どうしても新山城を持ち堪《こた》えることができないときは、隠岐へ逃げて下さい」と認《したた》められていた。

この書状を元春が宍戸隆家や口羽通良に見せたところ、杉原盛重の作文でしょうと言って、二人は笑いとばしたという（森脇覚書）。

密書がバレたとなれば、鹿介を生かしておく理由はなくなった。鹿介ははっきりと身の危険を感じた。なんとしても脱出しなければならない。鹿介という男は、このようにギリギリの窮地に立ったとき、とっさの機転によって切り抜ける天性のようなものを具備していた。というより、目的遂行への執念がそうさせると言った方がいいかもしれない。

ある日、鹿介は赤痢にかかったと称して、一晩中便所に通った。雲陽軍実記は七、八十回、陰徳記は百七、八十回と記している。その数字はともかく、鹿

尾高城跡（米子市尾高町）

介は番兵がついて来なくなるまで通い続けた。明け方近く、遂に番兵が来《こ》なくなった。その隙に便所の樋口から脱走した。密書とか便所通いとか、このような話は軍記物の作り話かもしれない。しかし、窮余の一策によって、虎口をのがれたのは事実である。それは元亀二年（一五七一）夏ごろのことである。

脱出に成功した鹿介は、何処へ行ったろうか。軍記物にはいろいろな説が載っている。老翁物語は「上方へ罷《まか》り上った」とし、陰徳記や吉田物語は「大山の麓を経て美作へ逃げた」としている。雲陽軍実記は「仁多郡横田の岩屋寺に隠れた」とし、他の軍記物と違った説を載せている。

雲陽軍実記によれば、鹿介は岩屋寺（島根県奥出雲町）にしばらく隠れ潜《ひそ》み、やがて周辺の山賊・あぶれ者などを集め、ゲリラ活動を展開した。仁多《にた》郡から飯石《いいし》郡・神門《かんど》郡へと進出し、社寺や土豪を襲って金品宝物を掠奪するなど、乱行をほしいままにした。鹿介が毛利の出雲支配を撹乱するため、このようなゲリラ活動に出たことは、考えられないことではない。

しかし、このような出雲における鹿介のゲリラ活動のことが、雲陽軍実記以外の軍記物のなかには見出せないのである。そもそも、鹿介がしばらく身を潜《ひそ》めていたという横田の岩屋寺は、現在は退転しているが、聖武天皇勅願所の寺伝をもつ真言密教の古刹で、室町時代には出雲最強の国人領主といわれる三沢氏の菩提寺となり、厚い外護《げご》をうけていた。三沢氏は毛利が出雲に侵入すると、いち早くその麾下に参じ、尼子勢と戦った。そのような三沢氏の菩提寺に、反毛利の闘士である鹿介が身を潜めることができるであろうか。恐らく無理であろう。従って、脱出した鹿介は、美作から上方方面へ逃れていったという説のほうが事実に近いだろう。

(七) 鹿介、因幡へ

元亀二年(一五七一)八月二十八日、尼子の最後の牙城、新山城が毛利軍の猛攻によって陥落した。大将勝久は隠岐へ逃れた。かくて尼子の拠点は、出雲国内から完全に消え去った。鹿介はこのニュースを何処で耳にしたのだろうか。

元亀二年(一五七一)夏ごろの尾高城脱出から、翌元亀三年(一五七二)三月ごろまでの鹿介の足どりは、よく分からない。『尼子氏と戦国時代の鳥取』(鳥取県史ブックレット4、鳥取県発行)によると、尾高を脱出した鹿介は、「美作国人の牧尚春《まきなおはる》や瀬戸内海の海賊村上武吉《むらかみたけよし》らと連絡を取りつつ、一五七二(元亀三)年三~四月頃には但馬に潜伏して、再度挙兵の機会をうかがっていた。」と述べている。

鹿介は何故但馬にいたのだろうか。それは過去の因縁によるものだろう。かつて永禄十二年（一五六九）五月、尼子勝久を奉じた鹿介ら尼子残党が、出雲へ反転攻勢をかけるため、京都を出発し、但馬守護山名祐豊《すけとよ》（宗詮《そうせん》）をはじめ、垣屋播磨守・海賊奈佐日本之助《なさやまとのすけ》ら但馬国人衆の支援をうけ、無事本国出雲に進攻し、一時は出雲全域を制覇する勢いを見せたことがあった。鹿介は再び彼らの支援を得るために但馬に赴いたのであろう。

陰徳記によれば、鹿介は尾高脱出後、源太兵衛のいる京都に上った。勝久も間もなく隠岐から上京した。この年（元亀二年）の秋、鹿介と源太兵衛は明智光秀の仲介で織田信長に面謁し、尼子再興・出雲奪還の援助を懇請したといわれる。しかし、元亀二年（一五七一）秋の段階では、信長は毛利氏と良好な関係にあったので、鹿介ら尼子残党を支援する可能性はほとんどなかった。天正元年（一五七三）十二月十二日、安国寺恵瓊《えけい》が毛利の重臣山縣越前守・井上又右衛門尉宛に出した京都の情勢報告の書状（吉川家文書）によると、「山中鹿介、柴田付候て、種々申分共候、是又しかと許容有間敷之由、朱印被出候」（山中鹿介が柴田勝家に頼みこんで、信長に対しいろいろお願いごとをしているが、信長は許容しないという文書を出している）と記している。天正三年（一五七五）七月六日付の信長から小早川隆景宛書状（小早川家文書）にも、「雲伯牢人や尼子勝久・山中鹿介以下の諸牢人退治」に成功したことに祝意を表している。信長と毛利の関係が変化するのは、天正四年（一五七六）二月、信長に逐《お》われた足利義昭が、輝元を頼って鞆の浦（福山市）に移ってからである。

さて、元亀三年（一五七二）春ごろ、但馬にいた勝久・鹿介らのもとへ、尼子浪人が集まってきたが、鹿介は彼らとは別に、但馬の地であぶれ者を集め、急ごしらえの軍事集団を組織したと思われる。

その頃の因幡では、無力な守護山名豊国（禅高《ぜんこう》）が、重臣武田高信のために鳥取城を逐われ、但馬に逃れていた。国人たちも両派に分かれ、抗争をくり返していた。武田高信の背後には毛利の後ろ楯があったが、天正元年（一五七三）春ごろ、高信が突如不慮の死をとげたため、因幡の状勢はますます混迷を深めていた。このことは但馬にいた鹿介にとって、絶好のチャンス到来である。

山名豊国像（山名史料館「山名蔵」蔵）

因幡を手中にすれば、雲伯牢人と呼ばれる伯耆の日野衆を含めた尼子の残党とともに、出雲へ攻め入ることができるからだ。

六月になると、鹿介らは山名豊国を擁して因幡に進攻し、桐山城（鳥取県岩美町）を拠点に周辺各地に転戦し、陰徳記によると十三城を攻略したという。九月下旬には久松山鳥取城を奪取し、豊国を本丸に居《お》らせ、勝久・鹿介らは二の丸に入ったが、後に私部《きさいち》城（鳥取県八頭町）を奪って、そこへ移った。

毛利勢も反撃に転じ、布勢天神山城（鳥取市湖山町）を前線拠点として武備を固めるとともに、鳥取城の豊国をしきりに懐柔して毛利方に寝返らせ、天正元年（一五七三）十一月上旬、一か月余で鳥取城を奪還した。

勝久・鹿介らの尼子勢は、私部城や甑山《こしきやま》城（鳥取市国府町）などを拠点に、

鳥取久松山全景（鳥取市）

天正元年（一五七三）から二年にかけて攻防をくり返す。このあたりの尼子・毛利両陣営の複雑な動きについては、前掲の『尼子氏と戦国時代の鳥取』の一読をお勧めしたい。

ところで、鹿介のひきいる尼子勢のなかには、立原源太兵衛をはじめ、神西元通《じんざいもとみち》・加藤政貞・亀井茲矩《これのり》・吉田三郎左衛門・森脇久仍《ひさより》など、そうそうたる尼子牢人もいたが、一方但馬や因幡でかり集めたあぶれ者のたぐいも含まれていた。劣勢寡兵《かへい》で勝利を得るためには、どうしてもゲリラ戦法になりがちであり、地元因幡の人々からは、鹿介の尼子勢は暴れ者集団として怖《おそ》れられていたようである。

陰徳太平記には、「所々で乱暴強奪をこととし、人民を悩まし、村々はいうに及ばず、神社仏閣にも押入り、什物《じゅうもつ》を奪って軍資金としたので、往古伝来の珍宝重器は悉く奪い取られた」と述べている。

延宝年間（一六七三〜八一）に書かれた因幡民談記《いなばみんだんき》には、「鹿介は行く先々で人を殺し民屋《みんおく》を破り、神社仏閣といえども憚《はばか》るところがなかった。因幡に昔より伝わっている名宝重器のたぐいは、このとき皆焼失、あるいは奪い取られてしまった。だから国中の人は、鹿介を怖《おそ》れること悪鬼羅刹《あっきらせつ》のごとくであった」と書かれている。

これはかなりオーバーな表現かもしれないが、尼子側の軍記物といわれる雲陽軍実記にも、鹿介の乱暴が記されている。先にも少しふれたように、同書では、尾高を脱走した鹿介は、出雲仁多郡横田の岩屋寺に隠れたことになっている。やがてそのあたりの山賊、あぶれ者などを集め、仁多郡から飯石《いいし》郡・神門《かんど》郡に進出し、富裕者や社寺を襲って金品什物を奪ったという。このように、毛利支配下の出雲国内でもゲリラ活動をやった記事が出ているので、因幡の乱行も事実だったと考えられる。

鹿介の一生をきれいごとですまそうとすれば、このような面にはふれない方がいいかもしれない。しかし、元亀二年（一五七一）夏ごろ尾高を脱出してからの鹿介の行動は、多分にゲリラ的であったことは否《いな》めないだろう。無の状態からある程度の軍事集団を組織するためには、あぶれ者のたぐいを集めなければならず、彼らをひきいて優勢な敵と戦うときは、どうしても後方撹

山中鹿之助幸盛画像（「太平記英勇傳」所収）

乱的なゲリラ活動が必要であった。

天正元年（一五七三）から翌年にかけて、鹿介らの尼子勢は劣勢ではあったが、東因幡において一定の勢力を保持し、毛利勢とそれに与同する因幡国人衆と渡りあうことができた。その理由の一つは、神出鬼没のゲリラ戦法の展開であり、もう一つは、因幡の外部にいる反毛利勢力の直接間接の応援であった。隣国但馬の守護山名祐豊や国人衆はもとより、備前三石城《みついしじょう》（備前市三石）の浦上《うらがみ》氏、備中松山城（高梁市内山下）の三村氏、美作高田城（真庭市勝山）の三浦氏などが、毛利に威圧を加えていた。遠く豊後《ぶんご》（大分県）の大友宗麟も、中国地方の反毛利勢力と連繋をとりながら、天正二年（一五七四）十一月には、鹿介に塩硝《えんしょう》（火薬）二壷を送るなど、直接的援助も行っている。

天正三年（一五七五）春のある日、鹿介の耳に衝撃的なニュースが舞いこんできた。それは、但馬守護山名祐豊と毛利輝元との間で、和睦の交渉が進んでいるという情報だった。祐豊は信長勢力への脅威から、次第に毛利に接近しようとしていた。その芸但和睦《げいたんわぼく》は五月二十八日に成立した。但馬守護の後ろ盾を失った尼子勢は、因幡において完全に孤立してしまったのである。

それでも鹿介らは頑張った。六月中旬、鹿介らは国人矢部氏の居城鬼ヶ城（鳥取県若桜町《わかさ》）を奪取し、本拠を私部城から此処に移した。若桜は因幡と但馬、因幡と播磨を結ぶ交通の要衝であるとともに、芸但和睦によって但馬路が通れない場合、播磨路から京都へ通じることのできる唯一の地点だった。

薩摩の島津貴久の四男家久が、京都から出雲大社へ向かうため、天正三年（一五七五）六月十七日、若桜の町を通ったとき、ある光景に遭遇した。彼の道中記「島津家久上京日記」につぎのような記事がある。「十七日若桜の町を通ったとき、鬼ヶ城の城主（矢部氏、名は不詳）が二、三日前に鹿介の謀略によって生け捕りにされ、城は鹿介らが奪いとったが、そこへ入城する鹿介らの軍勢と行きあった。」家久は偶然鹿介らが若桜鬼ヶ城を占領した直後に通過したのである。鬼ヶ城は軍事的攻撃によって落とされたというより、鹿介の謀略によって戦わずして陥落したようである。

八月下旬、吉川元春ひきいる毛利勢は、私部城の攻撃を開始した。十月の中ごろ、私部城は遂に陥落、城内にいた亀井茲矩・横道高光・同高宗・森脇久仍・進《しん》左吉兵衛らは、城を捨てて鬼ヶ城に逃げこんだ。かくして因幡の尼子勢は鬼ヶ城ただ一城にひしめくことになったが、勝久・鹿介らの籠城衆はよく踏んばり、翌年五月まで籠城を続けた。しかし、天正四年（一五七六）五月、万策尽きて遂に城をあけ渡し、鹿介らは京都へ上ったものと思われる。

（八）鹿介・源太兵衛、信長に会う

鹿介や源太兵衛が信長に面謁して支援を懇願したことについて、陰徳記は元亀二年（一五七一）のある日、明智光秀の仲介で大津で会ったとしている。雲陽軍実記では、元亀三年の冬京都で会ったとし、甫庵太閤記は天正三年（一五七五）正月十日、安土城（近江八幡市安土町）で会ったとする。会った年月も場所もいろいろである。

しかし、前にも記したように、天正四年（一五七六）二月八日、信長に追放された足利十五代将軍義昭は、毛利領国の表玄関ともいうべき鞆の浦にやってきて、自分を奉じて信長に戦いを挑《いど》むよう求めた。毛利氏は慎重に検討した結果、五月十三日、義昭を奉じて信長と対戦することを決定した。これまで織田・毛利の関係はギクシャクしながらも一定程度保たれていたが、この時点で決定的敵対関係となった。鹿介らがもし信長に面謁して尼子再興への支援を懇願するとなれば、天正四年（一五七六）五月十三日以後でなければならないだろう。とすれば、鹿介らが鬼ヶ城を退散し、京都へ向かったといわれる頃が、信長に会える最もよいチャンスだったと考えられる。面会の年月はほぼしぼりこめたが、場所についてはいずれとも決めがたい。ただ、天正四年（一五七六）二月二十三日に安土城が完成し、信長がこの日移り住んでいることが参考になるかもしれない。

陰徳記によると、最初に鹿介が諸侍に一礼して信長の面前に進み、盃を頂戴して引きさがった。信長は「鹿助ハ能《よき》男也」と言った。次いで源太兵衛が進んで信長の盃を頂戴し、引きさがったときに諸侍に一礼した。信長は「立原ハ男モ能《よき》ガ立振舞《たちふるまい》モ尋常《じんじょう》（すぐれる）ナリ」と誉《ほ》めたという。どうやら信長の印象は、源太兵衛の方がよかったようである。二人の懇請に対し、「山陰道は明智光秀に命じてあるから、光秀の手に属し忠義を尽くしてくれ」と答えた。この点、甫庵太閤記によると、二人の懇請に対し、「岐阜城に行って城介《じょうのすけ》信忠に会ってくれ」と信長が言ったのに、どうしたことか鹿介らはそこへ行かないで丹後へ向かった、と記している。光秀の所へ行こうとしたものか。いずれにせよ、鹿介らは天正四年（一五七六）ごろ信長に面謁し、自分たちの宿願達成のため支援を請うたのは事実であろう。

ところで、鹿介らが信長に会うために、仲介役として柴田勝家や明智光秀の名が出てくる。鹿介はどうして柴田や明智に近づくことができたのだろうか。この場合、一般的に将軍や天下人と地方の大名を結びつけるものとして、使僧と称する僧侶の働きがある。中国地方でいえば聖護院の道増や安国寺恵瓊が有名である。鹿介らを柴田や明智に紹介した使僧は明らかでないが、出雲の朝山氏の出身で、朝廷や信長の周辺で活躍した日乗上人ではなかったろうか。もっとも、日乗は天正元年（一五七三）信長の不興を買ってしりぞけられてはいるが、以後天正五年（一五七七）遷化するまで活躍したようである。

さて、天正四年（一五七六）信長に会って以後の鹿介のことはよく分からないが、十月七日頃には京都に滞在しており（天正四年十月七日付吉川元春書状、石見小笠原文書）、その後明智光秀に従って但馬八木城（養父《やぶ》市八鹿《ようか》町）や丹波籾井《もみい》城（篠山《ささやま》市福住）の攻城戦に参加して武功をたてている（渡辺助允覚書）。

天正五年（一五七七）上杉謙信が能登・加賀方面に進出したため、信長陣営

織田信長画像（豊田市・長興寺蔵）

明智光秀画像（岸和田市・本徳寺蔵）

は一時的に動揺したが、その隙《すき》に八月、松永久秀が信長に叛《そむ》き、大和信貴山《しぎさん》城（奈良県平群《へぐり》町）にたて籠もった。信長は直ちに嫡子織田信忠を派遣し討滅しようとした。このとき、鹿介は光秀の配下として従軍し、片岡城（奈良県上牧町）攻撃に参加した。鹿介は城内へ一番に駈けこみ、敵将河井将監《しょうげん》と組み討ちとなり、二人とも切り岸からどっと落ちたが、鹿介はその場で将監の首級をあげた。首実検をした光秀はこう言った。

「なんでこのような若気《わかげ》の働きをされるのか。貴殿ほどのものならば、もっとわが身を大切にして、国を治めることこそ肝要であろうに。」（亀井家由来）

光秀の言っていることは、城主を目ざす武士にとっては当然の理であろう。だが、鹿介には城主になろうという意志は微塵もなかった。あるものは、尼子再興・出雲奪還だけであった。そのためなら、どんな危険な道でもつき進んだのである。それが彼の生甲斐であった。鹿介の行動は、光秀には理解できなかったに違いない。

第六章　上月《こうづき》の夏

（一）上月城に籠もる

　松永久秀は天正五年（一五七七）十月十日、信貴山《しぎさん》城の天守に火を放って自害した。その直後、信長は羽柴秀吉に対し、毛利征伐のため播磨への出陣を命じた。いわゆる中国攻めである。秀吉は姫路の書写山《しょしゃざん》城に本営を構えた。その軍勢の中に、鹿介ら尼子残党もいた。秀吉。鹿介は大和片岡城攻めのとき、確かに光秀の配下として動《はたら》いていた。それが、どのような理由で、いつ頃、秀吉の麾下に移ったのか、そのあたり、現時点では謎である。

　羽柴秀吉は天正五年（一五七七）十月二十三日京都を出発、姫路の書写山城に向かった。既に播磨の有力国人小寺官兵衛孝高《よしたか》（後の黒田孝高）の協力をとりつけていた。秀吉は播磨に着陣してほぼ一か月のうちに、中東部の国人領主を帰順させることに成功した。もとより小寺官兵衛の奔走のお蔭である。しか

上月城全景（兵庫県佐用町）

し、美作・備前に近い西播磨の国人たちは、秀吉にとって重要地点であるにもかかわらず、秀吉に服さず、毛利や宇喜多に与同するものが多かった。その中心的存在は、福原城（兵庫県佐用町）の福原則尚《のりひさ》と上月城《こうづき》（佐用町）の赤松政範《まさのり》であった。

秀吉は小寺官兵衛・竹中半兵衛（重治）らに命じて、福原城を攻略させ、自らは上月城攻略に当たった。上月城は備前、美作、播磨三国の境に位置し、因幡へも通じる交通上、軍事上の要衝であった。城を守る赤松大膳大夫《だいぶ》政範は、播磨の名族赤松氏の流れで、毛利や宇喜多と誼《よしみ》を通じていた。

攻める秀吉軍は約一万三千といわれる。その中には、堀尾吉晴や、鹿介らの尼子残党がいた。吉晴は後に雲州松江城を築き、松江開府の祖となった勇将である。天正五年（一五七七）の時点で、吉晴三十五歳、鹿介三十三歳であった。二人はほぼ同年代の血気旺《さか》んな武士だったから、互いの武名は知悉していたはずで、声を交わし、武功を競《きそ》い合っていたに違いない。秀吉軍が高倉山の陣から、西方佐用川（千種《ちぐさ》川の支流）を渡って上月城を攻めようとしたとき、赤松軍が設置した川の中の乱杭《らんぐい》や大綱のために渡河できなかった。この時、吉晴のひきいる一隊は、決死の覚悟で障害物の除去にあたり、お蔭で上月城を包囲することができた。

福原城攻略の後、上月へまわった小寺孝高三十二歳、竹中重治三十四歳も、ほぼ同じ年ごろの雄将智将であった。鹿介が彼らに刺戟をうけたろうことは、容易に想像できる。

秀吉軍が上月城を包囲している時、備前の宇喜多直家の派遣した援軍が到着

上月山上の赤松政範らの墓碑（佐用町）

した。秀吉は城内の赤松勢と合流させないため、全力で三里（十二キロ）離れた備前境まで撃退した。天正五年（一五七七）十二月五日付の、秀吉から下村玄蕃助《げんばのすけ》に宛てた書状によると、この戦いで、宇喜多軍の首級六一九をあげ、その他雑兵どもは斬り捨てたと書いている（下村家文書）。恐るべき首数である。

上月城の赤松政範は果敢に戦い、よく守ったが、頼みの宇喜多軍が敗れ、水の手は遮断され、戦いが始まって八日目、天正五年（一五七七）十二月三日、城主政範以下一族は自刃し、城は落ちた。前掲の下村家文書には次のように記されている。

上月城を包囲し、水源を断ち切ると、城内から使者が来て、いろいろ詫言《わびごと》を言ったが、一切承引せず、諸方から攻め込んで、去る三日城兵の首を悉く刎《は》ねた。その上、城内の女子供二百余人を備前・美作・播磨の国境に引き出して、子供は串刺《くしざし》にし、女は磔《はりつけ》にして掛け並べておいた。

見せしめのためとはいえ、何たる残虐だろうか。秀吉の生涯のうちでも、これほど残忍な行為はなかったのではないか。上勢《かみぜい》（信長ら上方の軍勢）と中国勢の初めての対決にあたり、秀吉は度外《どはず》れに気負っていたのか。結果論だが、毛利とは対照的である。

『上月町史』によると、この時城内の死者は、侍分三八〇〇余人、足軽七〇〇〇余人、雑人一〇〇〇余人、合計五五〇〇余人だったという。事実とすれば驚愕的数字である。

秀吉は赤松滅亡後の上月城へ、鹿介ら尼子残党を入城させることにした。尼子再興を切望する鹿介ら尼子残党を、最も危険な城にたて籠もらせるという、秀吉の巧妙な処置が心憎い。

十二月下旬、鹿介は京都にいる尼子勝久を城に迎え入れるため上京した。そのことを知った宇喜多直家は、天正六年（一五七八）一月、真壁彦九郎を派遣して城を奪回させたが、鹿介が勝久を奉じて帰ってくると、彦九郎は戦わずして城を放棄した。勝久が入城すると、鹿介は近隣の尼子残党に呼びかけた。これに応じて、勝久の弟氏久（兄とも）をはじめ、多くの浪人が集まってきて、雲陽軍実記によれば、二千五百人がたて籠もったとしている。

上月城を奪われたことは、宇喜多や毛利にとって大きな打撃であった。とりわけ、秀吉勢の残虐な行為は、直家を憤激させた。そこで天正六年（一五七八）二月上旬、直家は五千余りの軍勢を派遣して上月城の奪還を試み、激戦の末、鹿介ら尼子残党は秀吉の承認を得て姫路に退却した。

直家は上月の城番として、勇気もあり、地理にも明るい、赤松一族の上月十

堀尾吉晴銅像（松江市）

郎景貞を起用した。景貞は総勢二千余をもって城の守りについた。

　三月、秀吉は再び上月城を奪取するため、姫路を進発した。先陣には鹿介ら尼子残党のほか、小寺孝高の一隊もいた。後陣には堀尾吉晴がいた。秀吉は本営を上月城の東方高倉山に置き、峰続きの仁位山を前線本部とした。ここからは佐用川をへだてて、上月城は指呼《しこ》の間《かん》にある。

　上月景貞は期待通り奮闘した。一度は高倉山近くまで出撃したこともあった。だが、衆寡敵せず、守勢に転じざるを得なかった。宇喜多の援軍も仲々到着しなかった。鹿介や小寺孝高らの秀吉軍は、果敢に突入をくり返した。景貞は傷つきながらも家臣をひきつれて、秀吉の陣をめざしたが、奮戦むなしく戦死した。宇喜多の援軍は、途中で景貞戦死の報を受けると、そのまま備前に引き返してしまった。すべてが赤松範政の場合と同じような結末であった。陰徳記によれば、城兵に蓑笠《みのかさ》を着けさせ、火をつけて焼き殺したという。上総踊《かずさおどり》の刑という残忍なものであった。鹿介ら尼子残党は、先の赤松政範落城のときの、女子供に至るまでの残忍な処刑、そして上月景貞落城の上総踊など、足の竦《すく》むような凄惨な光景を見たはずである。なお、上月景貞の籠城については、これを疑問視する見解もある（山下晃譽『上月合戦』）。

（二）再び上月城に入る

秀吉は尼子残党を再び上月城に入れようとした。鹿介にとっては望むところであったが、源太兵衛らはさすがに躊躇《ちゅうちょ》した。このような危険な城に入らずとも、しばらくは時節を待とう、というのが大方の意見であった。だが、鹿介は断乎反対であった。

「危険な城だからこそ働き甲斐があるというものだ。信長様もよりいっそう目をかけてくれるだろう。たとえ毛利や宇喜多が攻めて来ようとも、秀吉殿がほっておくはずがない。もし秀吉殿の援軍で足らないときは、信長様の応援がきっとあるはずだ」

勝久や源太兵衛らは、鹿介の激しい気迫に気圧《けお》されて、再び上月城にたて籠もることになった。天正六年三月上旬のことである。雲陽軍実記によれば、このとき入城したものは、尼子勝久を大将、尼子氏久・日野五郎を侍大将とし、以下山中鹿介・立原源太兵衛・福屋彦太郎・吉田三良左衛門・河副右馬允・同三郎左衛門・米原助四郎・目黒助次・月坂助太郎など約五十名の名を列記し、総勢二千五百人としている。この二千五百人のなかには、女・子供・老人などの非戦闘員も含まれていたと思われる。(陰徳記は個人名五十四名、総勢二千三百人としている)

ところが、東播磨では三木城の別所長治を中心とする国人領主たちが、突然信長に叛《そむ》いて毛利と通じたのである。驚いた秀吉は、高倉山から急遽書写山城に帰り、東播磨対策にあたった。

この状勢は、東上を策する毛利にとって、チャンス到来である。四月に入って、毛利の大軍は動き出した。総大将毛利輝元は、備中松山城（高梁市）に本営を進めた。吉川元春は山陰の兵力をひきいて富田城を発し、美作の高田（真庭市勝山）で小早川隆景と合流し、上月城に向かった。その勢三万余といわれる。さらに、備前岡山の宇喜多直家の軍勢一万余がこれに加わった。

四月下旬、四万近い大軍は、新緑の匂う上月の山あいをぎっしりと埋《うず》めた。城内はわずか二千五百。それも全員が戦闘員というわけではない。水・兵糧は忽ち底をついた。今は秀吉の救援を待つのみである。鹿介は幾度となく三木城を攻撃している秀吉のもとへ使者を送った。戦況は思わしくなかったが、秀吉は三木城攻撃を別所重棟《しげむね》にゆだね、自らは荒木村重《むらしげ》とともに高倉山に移った。信長は四月下旬から五月上旬にかけて、織田信忠（信長長男）・北畠信孝（二男）・明智光秀・滝川一益・筒井順慶などを播磨に出兵させたが、意志の疎通を欠いで秀吉軍の援《たす》けとはならなかった。高倉山の秀吉軍は、積極的に上月城を救援できないまま、一か月余りが過ぎた。

天正六年（一五七八）五月晦日《みそか》、元春の嫡子元長が、故郷安芸大朝《おおあさ》（広島県北広島町）の西禅寺住持以徹《いてつ》和尚に宛てた手紙が残っている（吉川家文書）。それによると、上月城を包囲する毛利勢三万余に対し、高倉山の秀吉勢は一万以内だと報じている。秀吉は信長に再々援助を請うのだが、はかばかしい返答は得られなかった。その間にも、上月城内の窮乏は、日に日に深刻化していった。

籠城が一か月半を経過した。元長が以徹和尚に認《したた》めた前出の書状を、もう少し紹介してみよう。

「城内には勝久・源太兵衛・鹿介らがいます。水・食糧が全く無くなったと、落人《おちゅうど》が確かに申しております」

それに続けて、次のような狂歌を載せている。

「なにしおふ　さよ（佐用）の朝霧たちこもり
　心ほそくもしか（鹿）やなく覧
　　　　　　　　　　　　　　　一笑々々」

「しか」はもちろん鹿と鹿介をかけて、揶揄《やゆ》したものである。

一方、元春が古志重信に宛てた、天正六年（一五七八）六月二日付の書状（牛尾家文書）によると、

「兎角《とかく》当表之儀、勝利眼前迄候」（とにかく、上月城の落城は眼の前だ）と認《したた》めている。毛利側の余裕が、文面から伝わってくるようだ。

（三）苦悩する鹿介

鹿介は追いつめられて連日苦悩した。もしこのまま敗れれば、かつて赤松政範や上月景貞の城兵が受けた、あの残虐な仕打ちを、今度は尼子の籠城兵が受けなければならない。城内には女子供の非戦闘員もかなりいる。彼らは皆殺しにされ、串刺《くしざし》や磔《はりつけ》にされて、路傍《ろぼう》に曝《さら》されるだろう。それを思うと鹿介は戦慄《せんりつ》をおぼえた。

一方、秀吉も上月の窮状を十分承知していた。秀吉自身の意志で上月城を尼子残党に委《ゆだ》ねたのである。秀吉には上月城を救う責務があった。真書太閤記に

よれば、思い余った秀吉は、単身京都の信長の陣所に赴き、直接指示を仰いだ。

信長の返答は意外なものであった。

「上月を捨て、三木城に専念せよ」

信長の意見も分からぬでもない。今いちばん必要なのは、東播磨の反信長勢力を討滅することである。そのためには、上月の尼子残党を見殺しにしてもいたしかたのないことだと、信長は思ったのである。実際に秀吉自身、京都に赴いたかいなか明らかではないが、少なくとも信長の上月城に対する見解は秀吉に伝えられただろう。

高倉山に帰った秀吉は、勝久・鹿介ら尼子残党への信義を果たすべく、最後の救援を試み、部下の亀井新十郎茲矩《これのり》を使者として上月城に派遣した。この話は軍記物にはなく、藤澤秀晴氏がかつて「謎めいた資料」として紹介した亀井家由来（高野山文書第三巻所収）のなかに出てくる（同氏著「亀井茲矩」『続山陰の武将』所収）。雲陽軍実記や陰徳記には、亀井新十郎は鹿介らとともに上月に籠城しているように書かれているが、いつの時点で、又何故、秀吉の

亀井茲矩木像
（津和野町・永明寺蔵　津和野町教育委員会）

配下に入ったのか詳《つまびらか》ではない。鹿介と新十郎は、それぞれの妻が姉妹だったので、義理の兄弟になる。或いは、鹿介は妻の妹を養女とし、彼女と新十郎を妻《め》合《あ》わせたともいわれるので、その場合は義理の父子の間柄となる。いずれにせよ、そのような関係を知っていた秀吉は、新十郎をことさら選んで使者としたのである。

　六月二十三日の夜、新十郎は高倉山を出発し、毛利の厳重な囲みをかいくぐり、上月城内に潜入し、秀吉の伝言を伝えた。

「城内の者は打って出よ。我らも同時に打って出て、囲みを破るであろう。」

　これを聞いて鹿介は小踊りして喜ぶだろうと、新十郎は思っていた。だが意外にも、鹿介はこの申し出を断ったのである。

「筑前殿（秀吉）のご好意は忝《かたじけな》い。しかし、犠牲をこれ以上出したくないのだ。」

新十郎には、鹿介の言葉の意味が分からなかった。犠牲を少なくするためにこそ、血路を開いて打って出よと、秀吉様は仰せられているではないか。このままでは、残忍な仕打ちが待っているだけだ。それなのに、何故断わるのか。だが、いくら説得しても、鹿介の意志は変わらなかった。

新十郎は仕方なく、再び囲みをくぐって高倉山に帰った。新十郎からの報告を受けた秀吉は、首をかしげながらも、信義は果たしたとして、六月二十四日高倉山を捨てて姫路書写山に引き上げ、以後、別所長治ら東播磨の反信長勢力の掃討に、全力を上げることにした。この亀井家由来の内容を、他の資料で検証することは今のところできないが、その後の経緯をみると、事実に近いものと考えてよいのではなかろうか。

かくして、上月城は完全に孤立無援状態となった。鹿介は何故、秀吉の救援を断ったのか。この謎を解く資料は見当たらない。以下は筆者の推理である。

新十郎が上月城にやってきた六月二十三日ごろは、毛利包囲軍の代表、吉川元春・小早川隆景らと、尼子側の鹿介・源太兵衛らの間で、降伏の条件について、詰めの談判が最終段階に達していたのではないか。六月二十八日付、毛利輝元から児玉元良に送った書状によると、「上月城の落城は間もなくだ」と認《したた》めている（児玉家文書）。

鹿介らがいつごろから降伏交渉を始めたか、それも定かでないが、武器・糧食・水の欠乏が深刻となり、秀吉の応援も期待できないと感じるようになった六月初旬だったと思われる。

鹿介は交渉に際し、城内の犠牲をできるだけ最小限にとどめようと努力した。とりわけ、大将尼子勝久の切腹だけは避けようとした。吉川元春が将軍足利義昭の執事一色藤長《いっしきふじなが》に送った、天正六年（一五七八）七月十二日付の書状には、「上月要害之儀茂、山中鹿介種々致懇望」（上月城攻めの件ですが、山中鹿介がいろいろ懇望致しました）（吉川家文書）とある。懇望とは「ひたすら望む」ことで、この場合鹿介がしきりに大将勝久以下の命乞いをしたと解釈していいだろう。

ただ、いくら懇望しても、今までの鹿介らの執拗な敵対行為を考えれば、元春・隆景らが赦《ゆる》すはずがない。赦してもらうためには、鹿介自身の態度をはっきりと表明するしかない。

元春・隆景ら毛利側は、上月城の開城の条件として、二つのことを強く求めていたと思われる。一つは大将勝久、弟氏久らの切腹。もう一つは、鹿介・源太兵衛は降伏して毛利の被官《ひかん》（家臣）になること。

元春・隆景らは、今後展開されるであろう織田信長との戦いにおいて、鹿介・源太兵衛を是非とも欲しい人材だと思っていた。だから、城内の犠牲を少なくする条件として、彼らの帰順を要求したのである。

鹿介にとって、まさにそれは青天の霹靂《へきれき》だったに違いない。長い間、宿願達成のため戦い続けた怨敵毛利の被官（家臣）になる、そんな馬鹿げたことは断じてできないと鹿介は吐き捨てた。家臣になるくらいなら、当然死を選ぶべきだとも思った。だが一方、城内には二千五百余の城兵と足弱《あしよわ》（老人・女・子供）たちがいる。彼らが虐殺《ぎゃくさつ》されても構わないのか、という声も鹿介には聞こえてくる。厳しい籠城生活のなかで、不安と困憊《こんぱい》に重く沈む城内の気配から、決断の時が刻々と迫っていることを鹿介は感じていた。鹿介は自分の見通しの甘さを悔いた。そんな状況のなかで、鹿介はあることを感じ始めていた。

それは織田勢に対する不信感とでもいうべきものである。籠城以来、秀吉のバックアップは十分なものではなかったが、その理由は、信長からの援軍がはかばかしくなかったからだ。いや、援軍は派遣されていたが、ばらばらで統制がとれていなかった。これに対し毛利勢は吉川元春を大将として、一糸乱れぬ統制ぶりであった。このような情況を見るとき、鹿介の頭をかすめたものは、織田対毛利の戦いにおいて、最終的に天下に号令するのは、織田信長ではなく、毛利輝元ではないかということであった。今まで、織田勢の力に頼って、尼子再興・出雲奪還の宿願を達成しようとしてきたが、むしろ毛利勢の力を得て宿願を達成するほうが得策ではないか。とすれば、毛利に降って家臣となって働けば、鹿介の抱《いだ》き続けてきた宿願の大義は、降伏によって放棄されるのではなく、毛利のもとでも着実に追及することができるのである。このような考えに至ったとき、鹿介の心は大きく動いた。そして、信長が秀吉に対し、「上月を捨てて三木城に専念せよ」と命じたことを耳にしたとき（多分、亀井新十郎から聞いたであろう）、鹿介は決断した。

何を決断したのか。元春や隆景らの要求を受け容れ、降伏して毛利の家臣になることである。その結果、尼子勝久らわずかの切腹で、城内の全ての者が下城を許されたのである。鹿介の降伏は、籠城者の助命のためであったが、同時に宿願の大義を貫き通すためでもあった。

（四）当世の「はやり物」

鹿介は十九歳のとき、白鹿城救援戦で味わった家老衆の無様《ぶざま》な敗北以後、富田籠城、品川大膳との一騎打ち、富田落城、出雲再入国、布部山の敗北、伯耆尾高城捕囚、因幡路転戦など、数々の辛苦を重ねてきた。華々しい勝利は彼と無縁であった。しかしその間、自ら七難八苦を求め、いかなる苦難にも屈せず、いかなる勧誘にも目もくれず、ひたすら尼子再興・出雲奪還の夢を追い続けた。その鹿介が上月城において遂に降伏したのである。人は或いは偽りの降伏に違いないと説くかもしれない。しかし、尾高城で苦杯を喫した苦《にが》い経験のある元春らが、偽りの降伏など赦すはずがない。

吉川元長が安芸大朝の西禅寺住持周伯恵雍《しゅうはくえよう》（前出の以徹和尚と同一人物）に宛てた、天正六年（一五七八）五、六月ごろと思われる書状に、「鹿介当世のはやり物を仕候、只今こそ正真之天下無双ニ候、無申事候」（傍点筆者。吉川家文書）という文言がある。難解なため、いろいろな解釈がある。松江の生んだ著名な国史学者三浦周行《ひろゆき》博士は、はやり物には言及していないが、全体として鹿介の往生際《おうじょうぎわ》の悪さを嘲《あざけ》ったものだろうと解している（「山中幸盛の後半生」谷口編著『山中鹿介』所収）。尼子史研究の第一人者米原正義氏も同意見である。だが、筆者はこれら碩学《せきがく》に逆らうようだが、次のように解釈したい。

当世（戦国時代）一般の武士たちが、しきりに行《おこな》っている「はやり物」とは、将来性のある主君を求めて渡り歩く、「侍は渡り者に候」という常識的行為のことである。その「はやり物」を行うことを頑《かたくな》に拒否し続けてきた鹿介が、ここにきてとうとう行う気になった。つまり、毛利氏の被官になることを願い出た。それでこそ鹿介は天下無双なのだ。もう何も言うことはない。

元長は大真面目なのだ。決して嘲《あざけ》っているわけではないと思う。少し後の記録だが、寛永二十一年（一六四四）に書かれた山縣長茂《やまがたながしげ》覚書（石見吉川家文書）によると、「山中鹿助、毛利殿御被官ニと望ニ付」とあって、鹿介が毛利氏の被官（家臣）になることを望んだと記している。

（五）降伏の条件

降伏の条件を記録した史料は見当らないが、上月町の郷土史家竹本春一氏は、落城の経緯をふまえ、次のように推量している（同氏著『上月城物語』）。

一、主将勝久は罪状最も重く、切腹すべきこと。
一、勝久の舎弟氏久も同様で、切腹すべきこと。
一、勝久嫡男豊若丸を殺害すべきこと。

一、上臣神西《じんざい》元通、加藤彦四郎政貞、池田甚三郎久親（久規とも）は赦すべくもない。切腹すべきこと。
一、張本山中鹿介は赦すべくもないが、降伏を認め、開城と同時に処置を明らかにする。
一、張本立原源太兵衛は赦すべくもないが、病気回復を待って処分する。
一、以下籠城部将並びに士卒は助命を認め、開城とともに退散を許す。
一、外、女どもは詮議せず。
一、開城は早々手続きすべし。

もし、右のような条件が事実に近いものなら、かつて秀吉が赤松政範や上月景貞の城兵に行ったあの残虐な処分と、何と大きな違いであろうか。このような毛利側の寛大な処置は、鹿介の苦渋の選択が大きく影響しているに違いない。

上月城降伏の条件は、竹本氏の示された内容に近いものだったと思われるが、若干、不明な点もある。

その一つは、犠牲者の数である。竹本氏も記しているように、諸軍記を総

上月城山麓尼子勝久供養塔（左）と山中鹿之介追頌之碑

合すると、切腹者は大将勝久をはじめ五人、殺害された豊若丸を入れて合計六名である。ところが、先にあげた吉川元春から一色藤長に宛てた書状には、「尼子勝久・同助四郎（氏久）に腹を切らせ、其の他不肖の者までも、近年芸州（毛利）に対し悪意の者悉く相果たし、一着申し付け候」（傍点筆者）と認《したた》めている。すなわち、毛利に敵対した者は、軽輩に至るまで悉く処刑しました、と報告しているのである。しかし、諸軍記を検討しても、元春が言うほど多くの犠牲者を出した証跡はない。少し後になるが、寛永元年（一六二四）ごろの成立と思われる老翁物語には、「勝久・助四郎殿、其外雲州浪人共、芸州へ不忠の者五三人、勝久同前に討果し、鹿介は一命助かり、防長の間えとて差下され候」（傍点筆者）とあって、五三人《ごさんにん》が討ち果たされたという。五三人とは数人の意であるから、六人の犠牲というのは妥当な数であろう。それにしても、元春は何故オーバーな表現をしたのだろうか。

一色藤長が仕えていた将軍足利義昭は、信長に逐《お》われ、毛利氏を頼って鞆の浦に滞在していた。毛利氏にしてみれば、義昭を奉ずることによって、信長勢力に対抗するため上洛することが正統化されると考え、積極的に義昭を庇護したものと思われる。このような状勢のなかで、信長勢力の先鋒を務めてきた尼子残党を、厳しく処分したように義昭に報告する必要があったのではないか。

その二は、鹿介や源太兵衛こそ最も芸州（毛利氏）に敵対した人物であるのに、彼らは助命され、何故、神西元通・加藤彦四郎・池田甚三郎が切腹を命じられたのか。陰徳記は次のようなことを記している。

鹿介は元春・隆景のもとへ使者を遣わし、「上月城へ入城することについては、大将勝久や源太兵衛、それに拙者などが言い出したことではなく、神西元通が主張したのです。ですから、神西一人を切腹させ、勝久以下の者の命は助けていただきたい」と、しきりに詫言《わびごと》を言った。しかし、元春らは承引せず、大将勝久の切腹すらないとなると、世間への聞こえも悪い。勝久・氏久・神西元通・加藤彦四部貞政は切腹せよと返答した。鹿介はなおも勝久に科《とが》のないことを言い訳したが、元春らは、もし勝久が切腹しなければ、上月に籠もる者悉く攻め殺すべしと通告した。

鹿介が勝久の助命にこだわったのは、鹿介自ら懇請して還俗させ、大将になってもらったという負い目があるとともに、勝久を失えば尼子再興運動の核がなくなることを懸念したからだろう。

神西元通は尼子十旗の第七番目、神西城（出雲市東神西町。七十五頁参照）の城主で、出雲西部の有力武将ではあるが、上月籠城軍の中で、特に中心的人物であったとは思えない。彼が主張して上月に入城したという証拠も見当たらない。強《し》いて推量すれば、富田落城後いったん毛利に降り、末吉城の城番に任じられながら、勝久出雲入国にあたり、再び尼子に寝返ったことを、毛利方が快く思っていなかったためだろうか。

加藤彦四郎は終始尼子方歴戦の勇士であったが、特に主導的存在ではなかった。彼らが「芸州に対し悪意の者」の代表だったわけではない。一見、彼らはスケープゴートのようにも思われるが、毛利側もそれでよしとしたのだから、必ずしも身代わりの犠牲者というわけでもなかったようだ。真の理由はどこにあったか、この点今後の研究を待ちたい。

池田甚四郎の切腹は、勝久の介錯《かいしゃく》を務め、後を追ったものである。

（六）「渡り者」になる

鹿介の必死の懇望も空しく、勝久の助命が拒否されると、鹿介はどうしたであろうか。もう一度陰徳記をひもといてみよう。

鹿介は涙ながらに勝久に訴えた。

「殿の助命を再三懇望いたしましたが、元春・隆景はどうしても許しませんでした。この上は、城内の者どもを助けるため、自害していただきとう存じます。拙者も冥途《めいど》へお供したいのですが、今しばらく時をいただき、降人《こうにん》となって山を下ったとき、尼子家を痛めつけた吉川元春に、隙《すき》を見て走りかかり刺し違えようと思っています」

勝久は快く了承した。

「行乞行脚《ぎょうこつあんぎゃ》の僧として、一生を終えるべき身を、そなたのお蔭で尼子家を引き継ぎ、一軍の大将となることができた。今、自害に及ぶことは、武士の身なれば当然のことである。それによって城内の者が助かるなら、将たる者の幸せである。そなたは元春と刺し違えようとのこと、尼子家への忠誠は感謝するが、どうか生命《いのち》を全うし、毛利家に随身し、時節をうかがって、再び尼子家再興の旗を上げてくれ。」（傍点筆者）

以上が陰徳記のあらましである。自分は助命される身でありながら、主君勝久や神西元通に自害を求めなければならない鹿介の胸の内はいかばかりだったろう。今まで、あれほど不撓不屈、斃《たお》れて後已《や》むの精神で、宿願達成のために戦い続けた鹿介が、何故潔《いさぎよ》く死ななかったのか。

それは筆者が屢述《るじゅつ》しているように、城内の生命を助けるためであった。そのためには、涙をのんで毛利側の要求を容《い》れなければならなかった。その要求とは、鹿介・源太兵衛は降参して毛利の被官（家臣）になることだったのである。

鹿介が死を選べなかった理由はそこにあった。

軍記物の多くは、鹿介の降伏を「偽りの降伏」とすることにより、一見、唐突に見える鹿介の変節（降伏）を理由づけようとする。

例えば陰徳記は、鹿介が勝久の切腹後も生き残ったのは、降参して下城したとき、隙《すき》を見て憎き元春に走り寄り、刺し違えて元春を斃《たお》し、自分も死ぬ、そのような筋書きを描くことによって、鹿介が後まで生き残った理由を説明しようとする。この筋書は現代に至るまで受け継がれている。

しかし、この筋書は無理がある。降人となって下城する鹿介は、武装を許されていたとでもいうのか。百歩譲って刀を携行していたとしても、元春の周囲に厳重な警護がなかったとでもいうのだろうか。鹿介自身、そのような場合の状況は知悉していたはずである。陰徳記の記述は非現実的といわねばならない。

三浦周行博士も、「世に伝ふる元春刺殺の説とても、揣摩臆測《しまおくそく》（当て推量）で信を取るには足らぬ。さすれば彼れが胸臆《きょうおく》の秘密は其横死と共に全く秘密に葬られ、彼れは遂に無告《むこく》（自分の苦しみを告げ訴えることができない）の鬼となり了《おわ》るであらうか」（前掲「山中幸盛の後半生」）と述べ、元春との刺し違えは当て推量で、鹿介がどんな気持ちで生きのびたかは、彼が横死したので分からなくなったとしている。

戦国史の権威高柳光壽博士も、次のように書いている。

上月城は七月五日に開城した。鹿介は命が惜しくて城を出るのではなく、尼子氏再興のためだとも、元春に復讐するためだとも勝久にいった。そして最後まで残って城内の掃除をしたという。どうもこの辺の鹿介の心理がよくわからない。(「山中鹿介の悲劇」『青史端紅』所収)

(七) 批判と嘲笑

くどいようだが、もう一度鹿介の降伏について述べておきたい。

鹿介は結果として生き残り、尼子勝久はじめ六人が犠牲になった。主家再興・出雲奪還の一念に燃え、あれほど執拗に戦い続けた鹿介が、何故生き残ったのか。

もし、鹿介が上月籠城の土壇場で、今までの姿勢をガラリと変えて、命乞いをして生き残ったとしたら、厳しい批判と嘲笑の的になるであろう。再び陰徳記をひもといてみよう。

鹿介が降伏して上月城山から下りてくると、名高い鹿介を一目見ようと、毛利の兵たちが集まってきた。そのなかに、岡惣左衛門就康という武士がいた。鹿介は出雲にあるとき、この武士を知っていた。あるいは鋒《ほこ》を交えたことがあったかもしれない。鹿介は惣左衛門をいささかからかったので、怒った惣左衛門は次のようにやり返した。

「鹿介といえば、智も勇も人に越えた男と思っていたが、甲斐なき（とるにたらぬ）命を生き永らえるため、譜代相伝の主人を自害させながら、わが身は恥を捨て、頭をかがめて降人に出た。よくよく命が惜しかったのだろう。評判と行いは雲泥の差で、勇もなく、義もなく、忠もない、大臆病者だ。男前は好いが、心は拙者の十分一にも及ぶまい。」

右のような鹿介に対する屈辱的な評判が、当時からあったのである。

だがそれは違う。鹿介は生に執着していたのではない。そのことは、今までに数え切れないほど死地を乗り越えてきたことでも明らかである。鹿介が生き残ったのは、元春らの要求によって毛利の被官になったからである。毛利の家臣になることによって、城内の大多数は救われた。同時に鹿介の宿願達成の戦いは、毛利に賭《か》けるという新たな形で継続されることになった。

「尼子再興・出雲奪還の宿願を達成するものは、この鹿介以外にいない」

かつて杵築で、主君義久ら尼子三兄弟と別れたとき、心に銘じた思いが、再び強い響きで甦《よみがえ》ってきた。大将勝久の言った言葉は、鹿介が生きて新たな戦いに向かうことへの応援となった。その言葉とは、陰徳記に言う。

「御辺《ごへん》、元春ト差違へ、尼子家ノ重恩ヲ報セントノ志、誠以忠ト云、勇ト云、儀ト云、不レ浅次第ナリ。然共、元春モ智謀世ニ越タル将ナレバ、輒《たやす》ク差違ルカ如ニ用心緩《ゆる》ムコト不レ可レ有。愗《なまじい》ナルコト仕出シテ、敵ニ嘲弄《あざけら》レ給ナ。只命ヲ全シテ、毛利家へ随身シ、時節ヲ窺《うかがい》、諸国ニ尼子ノ流レノ者、身ヲヒソメ、跡ヲクラマシテ可レ有ヲ尋ネ出シ、大将ト称シ、再当家ヲ興シ給へ。」（巻之第五十六「上月之城没落之事」傍点筆者）

　死なないで命を全うして、毛利の家来となり、時節をうかがい、諸国に身をひそめている尼子の末裔を尋ね出して大将とし、再び尼子家を復興してくれ。

主君勝久の言葉は、まるで鹿介の胸中を見透《す》かしているようであった。鹿介の胸の閊《つか》えは消えていった。生き残ることは、決して卑怯未練ではない。宿願達成の大義は、いささかも放棄してはいないという確信があるからだ。それだけに、岡惣左衛門のような批判・嘲笑をあびても、鹿介は堪えることができたのである。

（八）最後に城を下りる

天正六年（一五七八）七月二日、神西元通が先ず切腹した。翌《あく》る三日、二十六歳の大将尼子勝久は一刀を携え、末期の一句を高らかに唱えた。

都来劏断《とらいかくだん》す千差の道（全て煩悩を断ち切れば）
南北東西本郷に達す（何処に居ても悟れるものだ）

唱え終わるや、従容《しょうよう》としてかき切った。鳥取城の吉川経家、備中高松城の清水宗治の切腹にも比せられるような美事な終焉であった。介錯人池田甚三郎も、主人の傍らで腹を切った。続いて勝久の弟（兄とも）助四郎氏久と加藤彦四郎が後を追った。かくして上月城は落城した。

鹿介は主君勝久の首を抱いて山を下り、元春・隆景ら居並ぶ諸将の面前に呈した。もとより、元春と刺し違えができるような状況ではなかった。検死が終わると、鹿介は再び城へ帰り、籠城者とともに城内の掃除をした。三月初旬から四か月にわたる、長い苦しい籠城であった。それだけに、一同は跡を濁さずの気持ちが強かったのであろう。

「皆の者、上月籠城本当によく頑張ってくれた。主君勝久公に代って御礼を言うぞ。毛利はそなたたちの下城の邪魔をしないと約束している。安心して下城されよ。そして、よい主君にめぐり合い、仕官奉公してくれ。時節到来の時は、必ず一堂に会し、尼子再興の旗を上げよう。それまでどうか息災でいてくれ」

せいいっぱいの労《ねぎら》いの言葉が、鹿介の口からもれた。

七月五日、元春・隆景ら毛利の首脳は、城内の鹿介・源太兵衛・日野五郎の三人に宛て、連署の起請文《きしょうもん》を送り届けた（天野毛利譜録）。それによると、

「我々の望みを受け容れてくれたので、上月の下城を許すことにした。城内の

衆は一人残らず助命する。ただし、下山の時は人質を提出せよ」

城内には尼子の残党のみならず、日野五郎にひきいられた伯耆日野郡の国人衆も参加していたことが判明する。それはさておき、全員が下城するとき、毛利方は人質を要求しているが、これは何のためであろうか。武装解除せずに下城を認めたためであろうか。人質となったのは、恐らく鹿介の郎従たちだったろう。

鹿介は粛々《しゅくしゅく》と下りる全員を見届けると、一族や郎従のもの約五十人（異説がある）とともに、最後に山を下りた。陰徳記によると、一同は甲冑を着けず、弓は袋に入れ、太刀は鞘《さや》に納め、鉄砲の火縄には火を着けず、何の用心もせずに下山した。鹿介は全く警戒心などない様子で、越後帷子《かたびら》に足半《あしなか》をはき、荒身国行の刀に金箔を巻き飾って腰に差し、人目につくような格好で下りてきた。

陰徳記の記述による限り、鹿介はずい分リラックスしているように思われる。毛利のもとでの新しい生活を夢みていたのであろうか。

毛利方はあらかじめ田の中に設《しつら》えていた仮小屋に鹿介を軟禁し、警護の兵が四方をとり巻いた。体調のすぐれなかった源太兵衛は、元春の家臣宍道某に連れられて安芸に向かったが、後、女婿福屋隆兼（石見の国人領主）のもとへ行き、隆兼が主君蜂須賀家政の阿波渭津《いのつ》城（後の徳島城）移封に同行すると、源太兵衛も阿波に赴き、慶長十八年（一六一三）四月二十六日、八十三歳の天寿を全うした。大坂冬の陣は眼の前にあった。

さて、軟禁された鹿介は、小屋の中で部下たちに感謝の手紙を書いた。今残っているのは、七月六日付の日野衆進《しん》氏に与えた感状三通（萩藩閥閲録「進三郎兵衛」）と、七月八日付の遠藤勘介宛書状（吉川家文書）である。勘介への書状には、のびやかな文字で次のように認《したた》められている。

「長い間の浪人生活、本当にご苦労であった。ことに上月籠城は大変だったろう。拙者はお前のことを決して忘れない。どうか今後は、しかるべき主君を求め、奉公してくれ」

ここで少々脇道に入るが、文書の宛名の遠藤勘介である。大日本古文書家わけ第九「吉川家文書之二」を参照して「遠藤」としたが、瀬川秀雄著『吉川

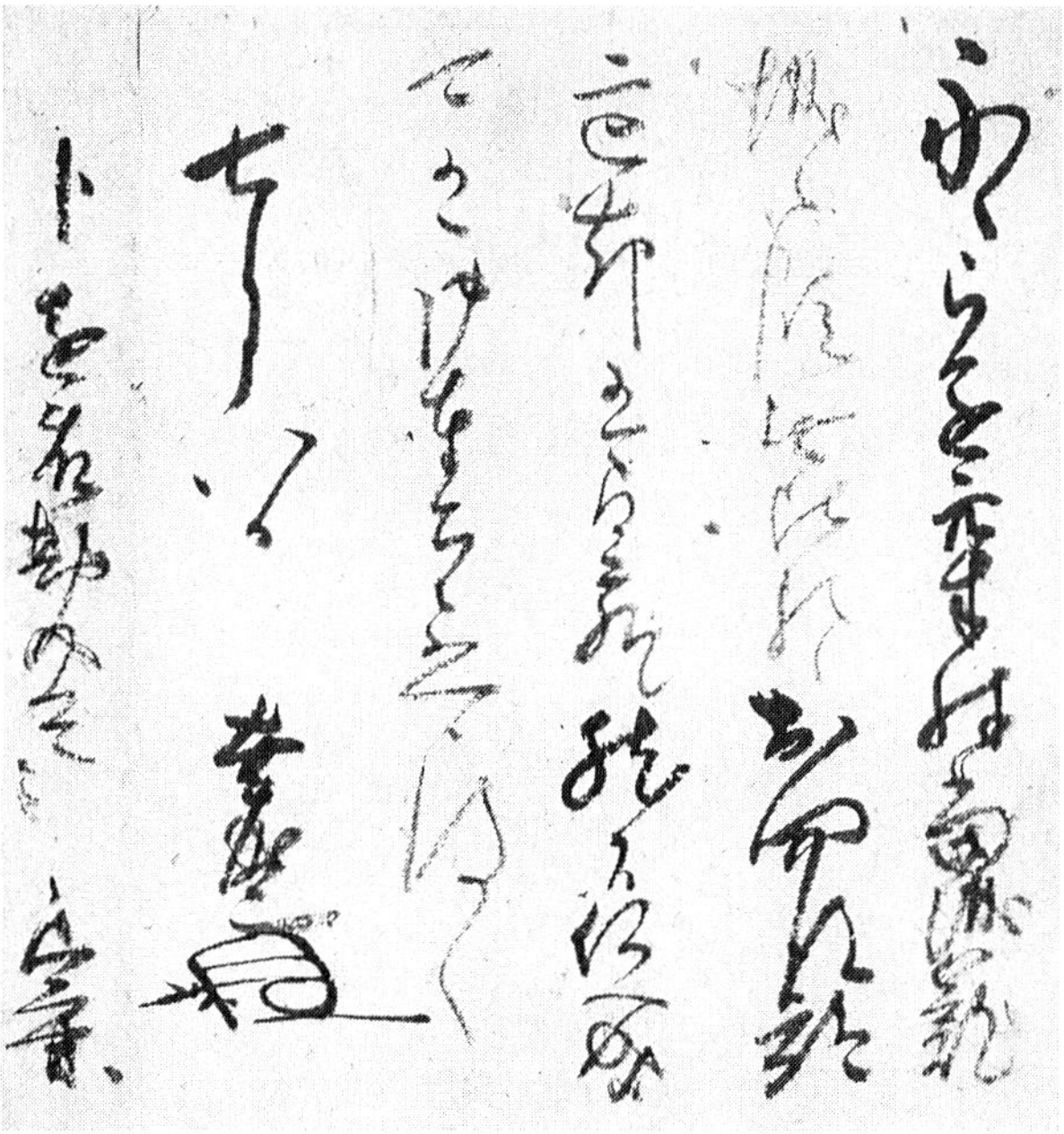

絶筆　山中幸盛書状（吉川史料館蔵）

永々被遂牢、殊當城籠
城之段、無比類候、於向後、聊
忘却有間敷候、然間、何へ成共
可有御奉公候、恐々謹言
七月八日　　幸盛（花押）
〆遠藤勘介殿　　山鹿
参

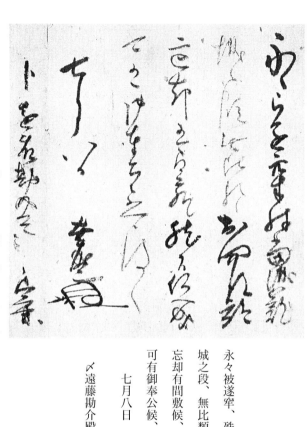

元春』（昭和十九年刊）、渡辺世祐著『毛利輝元卿伝』（昭和五十七年刊）では「進藤」としている。「遠」と「進」はくずしが似ており、判定は困難であるが、少し考えてみたい。

遠（進）藤勘介は尼子方の武士として上月城に籠城していたと考えなければならない。籠城者を載せている軍記物は、雲陽軍実記と陰徳記、それに陰徳太平記である。

これらの軍記物のなかに、遠藤勘介なるものは見当たらない。代わりに遠藤甚九郎がいる。甚九郎は一貫して尼子に従い、富田籠城戦、出雲反攻、多久和城（雲南市）の守備、布部山の戦い等々で名前が出てくるが、上月籠城者の中には見えない。

軍記物の中に共通して見えるのは進藤勘介である。雲陽軍実記には籠城者リストに載るだけだが、陰徳記にはかなり具体的な活動が記されている。

天正六年（一五七八）五月、毛利方の部将杉原盛重は、台無鉄砲《だいなし》（抱える大筒か）によって上月城を攻撃し、大きな損害を与えた。痛めつけられた鹿介は、城内に下知し、「城内に忍びに馴《な》れた者がおれば、ひそかに杉原が陣中に忍び込み、台無鉄砲を谷底へはね落としてくれ」と言った。これに応じ、「忍ニ馴タル者トモ、進藤勘介ヲ先トシテ数十人忍出テ」とあって、進藤勘介は忍びの頭領的存在だったことが分かる。進藤勘介は尼子籠城軍の一員であったが、忍びを得意としている点で、中下級の武士と考えることもでき、鹿介の宛名の武士にふさわしいように思われる。従って、書状の宛名は遠藤勘介ではなく、進藤勘介の可能性があり、一考を要する。なお、陰徳太平記によれば、天正十年（一五八二）ごろ、東伯耆羽衣石《うえし》城（鳥取県湯梨浜町）の城主南条元続《もとつぐ》の家来に進藤勘介がいる。鹿介が「何へ成共御奉公有る可く候」と認《したた》めたのに応じて、毛利の麾下にあった南条元続の家臣になったのであろう。

（九）鹿介、備中松山へ

元春・隆景らは、鹿介・源太兵衛が降伏し、毛利の被官になる意志を確認すると、最小限の犠牲で籠城者を赦した。先にも述べたように、元春・隆景の心

備中松山城遠景（高梁市）

中には、これから毛利勢力が東上し、信長勢との対決に勝利をおさめるためには、百戦錬磨の鹿介・源太兵衛は、是非とも欲しい人材だという考えがあった。そして思い通りに事はこんだのである。そこで、上月の開城と新たに被官の列に入ったことの挨拶のため、鹿介を備中松山城に在陣している毛利の惣大将輝元の陣所へ行かせることにした。前掲一色藤長宛の手紙にも、「山中鹿介以下生捕《いけどり》の者は、先ず備中の輝元陣所へ差し下し候」とある。元春らは上月城が落ち、鹿介・源太兵衛が被官になってくれたことを、輝元も当然喜んでくれるものと思っていた。

天正六年（一五七八）七月十日、鹿介一行は粟屋彦右衛門、山県三郎兵衛のひきいる五百余人の毛利兵（吉川や小早川の家人ではない。毛利の家来）に護衛されて上月を発《た》ち、十七日に松山川（高梁川）の右岸、成羽《なりわ》川が合流する阿井の渡《わたし》に到着した。ここで二つの疑問が生じる。

一つは日数の問題。上月から松山までは、三日もあれば十分である。それが、なぜ八日もかかったのか。

二つ目は到着した場所。上月から行けば、左岸（東岸）に至るのが自然ではないのか。

これらの問題については、従来から色々な説が出されている。しかし、決定的なものはない。そこで推定ではあるが、筆者の考えを述べておきたい。

鹿介ら一行は、陸路を通ったのではなく、佐用川（下流は千種《ちぐさ》川）を下って、毛利が制海権を握る瀬戸内海に出た。待ちうけていた毛利の水軍に護衛され、鞆の浦に上陸し、神辺《かんなべ》・井原を通って、松山川と成羽川の合流地点、阿井の渡に到着した。当時、信長に逐われた足利将軍義昭が、毛利に迎えられて鞆の御所に滞在していた。このことも、鹿介が鞆の浦に上陸したと考える根拠になろう。とにかくこのような海路説をとると、日数の問題も西岸に着いたことも、解決できるのではなかろうか。

ここでもう一つ考えたいのは、鹿介一行の中身と人数である。中身については、恐らく妻子をふくむ一族と、従前から随身していた郎党と考えてよいだろう。桂岌円《きゅうえん》覚書に、鹿介が殺されたのち、「妻子共は雲州に至て送り遣はされ候」とあって、妻子が一行のなかにいたのは間違いない。人数については、各書まちまちである。雲陽軍実記は五十人計《ばかり》、桂岌円覚書は上下十四五人、老翁物語は上下二三十人、陰徳記は六十余斗《ばかり》とあって、ばらつきが大きく、どのくらいであったか決めがたいものがある。後述するごとく、渡船の容量を考えると、十四五人が妥当か。しかし、五百人もの警護がつくとなれば、五十人位であろうか。

第七章　阿井の渡

阿井の渡に到着した鹿介一行はどうなったのか。これまた諸説があるが、陰徳記に聞いてみよう。

（一）非業の死

輝元は鹿介を討ちとるべしとの密令を、腹心天野元明に伝えた。元明は渡し場で小舟一艘を用意し、まず一行の大部分を乗せて対岸（東岸）に向かった。あとに残ったのは、鹿介と郎従の後藤彦九郎・柴橋大力之介だけだった。鹿介は土手の傍《かたわ》らの石に腰かけ、扇を使いながら、片肌脱《ぬ》いで流れる汗を拭《ふ》いていた。

その時、元明の家臣河村新左衛門が物かげから窺《うかが》い寄り、鹿介の背後から袈裟《けさ》懸《がけ》に切りつけた。不意をうたれた鹿介は、「あッ」と叫んで川の中に飛び込んだ。新左衛門も飛び込んだ。鹿介は練達の早業《はやわざ》、力もすぐれていたので、傷を負いながらも、新左衛門を捕《つかま》えて押し伏せようとした。そこへ同じく天野元明の家臣福間彦右衛門が駈けつけ、鹿介の髻《もとどり》をつかんで引き倒し、そのまま首級をあげた。後藤・柴橋も続いて討たれた。

恐らく陰徳記の記述は、事実に近いものであろう。残暑厳しい天正六年（一五七八）七月十七日（太陽暦八月二十一日）、三十四歳の短い生命《いのち》であった。七難八苦の生涯は、かくして終

尋常小学校国語読本（島根県立図書館蔵）より

わりを告げた。

元春や隆景は、毛利の被官になることを受諾した鹿介を、わざわざ輝元のもとへ挨拶に行かせた。輝元は喜んで引見するものと思っていた。しかし、二十六歳の若き輝元は、畏敬する叔父たちの意に逆ってまで、鹿介を赦すことができなかったのである。輝元の判断が良かったかどうか、渡辺世祐博士は次のように書いている。

絹本着色毛利輝元像（毛利博物館蔵）

「これは卿（輝元）が如何に幸盛が毛利氏にとって不利な人物であるかを人一倍痛感して居られたことを示すものである。実に幸盛の死によって諸国に潜伏せる尼子氏の後裔はその後再興運動を起すことが出来なくなり毛利氏は永久に禍根を断滅し得た。これは卿の果断達識と称すべき

阿井の渡(高梁市)

ものである。」(『毛利輝元卿伝』)

これに対し、立原源太兵衛久綱は何故殺されなかったか。渡辺博士は言う。「されど久綱は手腕・力倆に於いて幸盛に劣って居たから最早尼子氏の再興運動も為し得ず、僧となり珠栄と号した。」(前掲書)

鹿介が殺されたのに源太兵衛は殺されなかったのは、源太の手腕・力倆が劣っていて、殺す必要もなかったということか。しかし、この二人は常に一対として扱われ、今回の降伏についても、二人を被官にしようとしていることを考えると、手腕・力倆が劣っていたと簡単に片付けるわけにはいかないだろう。一時の感情によって、近い将来信長勢力と対決しなければならない、その遠大な戦略において、輝元の若さが露出したと言うべきだろう。渡部博士の評価は結果論である。

それにしても解せぬことがある。あの百戦錬磨の鹿介が、何故むざむざと袈裟懸に斬られたのだろうか。何故、背後に迫る殺気に気付かなかったのだろうか。

よく考えてみると、答えは簡単である。隙《すき》だらけの無防備だったからである。宿敵毛利と戦い続けていた時には、このような隙だらけなどありえない。だが今や、鹿介は心底から降伏し、新たな思いで毛利の被官になろうとしていた。安心しきっていたのである。

一途《いちず》に、そして執拗《しつよう》に戦い続けた鹿介の終焉は、いかにもあっけないものだった。これから新たな生き方に移る寸前に殺されたことは、鹿介にとっていかにも残念だったろう。しかし、無念の形相《ぎょうそう》物凄く、手を虚空《こくう》に突き上げて死んでいったとは思いたくない。

三十四歳の人生はいかにも短かすぎるが、一途に生きてやり抜いた満足感が、鹿介の心のなかにあったはずだ。そのやり抜いた者のみがもつ穏かな相貌で死んでいったに違いない。教科書は次のように締めくくっている。

七難八苦の生涯《しやうがい》は、三十四歳で終を告げた。甲部川の水は、此のうらみも知らぬ顔に、今もいういうと流れてゐる。月毎にあの淡い三日月の影を浮かべながら。（注：甲部川は高梁川の旧称）

(二) 鹿介の墓碑

鹿介の首は松山城の輝元の面前で首実検に供された。その時、鹿介の所持品だった荒身の頼国行の刀と、大海《だいかい》の茶入も差し出された。大海とは大ぶりの茶入のこと。刀は輝元が引きとり、のち豊臣秀吉に献上されたという。この国行は、鹿介が尼子勝久から拝領したものと伝えられているが、鹿介死去より十年後の天正十六年（一五八八）、長田（安芸高田市）円明寺に幽閉されていた尼

静観寺門前の首塚（福山市鞆の浦）

子義久から、輝元に尼子家伝来の宝刀国行が献上されている。荒身の国行は二つあったのか、それとも伝承の混乱か、今後の研究課題であろう。

大海の茶入は福間彦右衛門元明に下賜され、福間家の家宝となった。

鹿介の首は暑い日盛りのなか、鞆の浦に運ばれた。現在、鞆の浦町鞆の天台宗静観寺の門前に、鹿介の首塚と伝える自然石の塔がある。何故、鹿介の首塚が鞆の浦に。恐らく、鞆の御所にいた足利義昭の面前に呈するために運ばれ、この地に埋められたのであろう。

鹿介の遺骸は、落合町（高梁市）阿部

の曹洞宗観泉寺の珊牛《さんぎゅう》和尚によって荼毘《だび》に付され、遺骨は阿部の石田畑にあった石金堂《いしかねどう》に埋葬されたと伝えられている。現在、明治三十五年（一九〇二）に建てられた石塔があり、幸盛院殿鹿山中的大居士と刻《きざ》まれている。鹿介の胴塚である。近くの観泉寺には、幸盛院の位牌が安置されている。

鹿介の胴塚（高梁市落合町）

観泉寺（高梁市落合町）にある位牌

高梁川の河畔に建つ山中鹿之介の墓碑（高梁市落合町）

高梁川を跨ぐ落合橋を東から西へ渡り、国道三一三号線を南下すると約百メートル、河畔に山中鹿之介墓と刻した大きな墓碑が建っている。此処は鹿介が殺された川の中洲の場所とされ、正徳三年（一七一三）十月、備中松山藩の儒臣前田時棟《ときむね》らが建立したといわれる。

鳥取市鹿野町にも鹿介の墓がある。鹿介の義弟（養子とも）といわれる亀井新十郎茲矩《これのり》が、気多《けた》郡一万三八〇〇石を与えられて鹿野城主となると、鹿介の菩提を弔うため、文禄三年（一五九四）城下に浄土宗幸盛《こうせい》寺

幸盛寺の鹿介墓（鳥取市鹿野町）

富田城本丸鹿介顕彰碑（広瀬町）

を建立した。そして境内の一隅に墓を築き、備中松山の観泉寺近くの胴塚から、わずかの枯骨を譲りうけ、これを墓下に埋めたという。法名幸盛寺殿潤林浄了居士は、観泉寺珊牛和尚のそれとは異なるが、茲矩は自分で法名を贈ろうと思い、幸盛寺開山の照誉上人に依頼したものであろう。

他郷で死んだ鹿介の墓は、生まれ故郷の出雲広瀬にはない。あるのは後世の人が建てた供養塔である。

月山富田城の大手へ登る三つの道のうち、中の道をお子守口という。お子守口から入って、右手急な石段を登ると、尼子氏の祈願寺、真言宗巌倉寺《いわくらじ》がある。さらに坂を登って寺の裏に行けば、山陰最大の五輪塔といわれる堀尾吉晴の墓がある。その吉晴がかつての盟友鹿介のために建てたと伝えられる供養塔が、大五輪の左後方にある。

巌倉寺の北、大手へ登る道の左手、太鼓壇《たいこのだん》と呼ばれる台地に、鹿介生誕四百年を記念して、昭和五十三年（一九七八）に建てられた鹿介の銅像がある。凛々《りり》しい姿の立像である。

月山の頂上、富田城本丸に山中幸盛塔が建っている。鹿介は永禄九年（一五六六）十一月二十八日、富田城を下城した。二十二歳のときである。以後、鹿介はこの富田城を奪還し、四つ目結《ゆい》の幟《はた》（尼子の家紋）を掲《かか》げるために、どれほど死力を尽くしたか、すでに縷々《るる》述べたつもりである。だが、鹿介は二度と富田城の土を踏むことはできなかった。山上の幸盛塔には、叶えられなかった鹿介の願いが籠められている。

京都にも鹿介の供養塔がある。大徳寺塔頭《たっちゅう》玉林院、日蓮宗本満院にある山中鹿介幸盛之墓は、後述する如く鴻池家が建立したもの。浄土宗金戒光明寺《きんかいこうみょうじ》には三体並んだ五輪塔がある。いちばん右手の五輪が鹿介、中央は亀井茲矩、左のひときわ大きいのが茲矩の妻（鹿介の妻の妹）の墓といわれる。建立年代など不明だが、出家した茲矩の妻が建てたとの伝承がある。

広島市西区草津本町の浄土真宗浄教寺にも、鹿介の供養塔がある。建立者は不明だが、吉和氏関係の人であろう。

浄教寺供養塔（広島市西区）

玉林院鹿介供養塔（京都市北区）

金戒光明寺五輪塔（京都市左京区）

(三) 鹿介の後裔

鹿介の後裔はとなると、実はよく分からない。妻子がいたのか。いたとしても、阿井の渡事件以後どうなったのか。

桂岌円覚書や老翁物語には、「妻子共は雲州に至て送り遣はされ候」としているが、鹿介の妻子が出雲に送り届けられた史証はない。

多々良《たたら》一龍《かずたつ》の雲州軍話を見ると、鹿介が殺害された後、「女姓《(マヽ)》少《おさな》キ者ヲハ、芸陽草津ノ城主児玉周防守就方《なりかた》ニ預ケラル、就方深ク憐ミ、息女一人ヲ草津ノ長《おさ》吉和ノ某ニ娶合《めあわ》ス(下略)」とある。毛利側がそうさせたのだろうが、鹿介の妻や子供は安芸草津(広島市)に送られ、児玉就方の庇護を受けたという。就方は深く慈《いつく》しみ、息女の一人を吉和(廿日市市)の領主吉和某(吉和系図では義兼)に嫁入りさせている。以下、山中系図①(四十頁参照)と吉和系図をもとに、鹿介一族を考えてみたい。(山中系図②は鹿介の兄弟と子供に混同がある。)

山中系図①によると、鹿介には二人の女《むすめ》がいたことになっているが、亀井新十郎茲矩の妻になった女は、通説では亀井秀綱の女で、鹿介の妻の妹とされている。鹿介は若い頃、亀井秀綱の養子となり、秀綱の女を娶ったが、兄甚太郎が廃嫡したので、山中家を継ぐために妻を連れて生家へ帰った。跡継ぎを失った亀井家のために、鹿介は玉造城主（松江市玉湯町）湯惟宗の子息湯新十郎を亀井秀綱の養子とし、鹿介の妻の妹を娶せた。又別の伝承では、鹿介は妻の妹を自分たちの養女とし、後に新十郎と娶せたともいう。従って、鹿介と新十郎は義理の兄弟であり、あるいは義理の親子であったかもしれない。いずれにせよ、鹿介が山中家に戻った後、湯新十郎が亀井家を継ぐことになった。ところが不思議なことに、元亀二年（一五七一）三月十一日付の「尼子勝久袖判奉行人連署奉書」（鴻池家旧蔵文書）によると、発給者（差出人）は「亀井鹿介幸盛・立原源太兵衛尉久綱」となっている。花押も山中鹿介のものとは違っている。以後、天正二年（一五七四）までの四年間に、亀井鹿介と記した古文書が、先の文書を含めて七通存在する。天正二年（一五七四）十一月十九日付の大友宗麟の塩哨送り状の宛名も、亀井鹿介殿となっている。一国の大名の書状であるから、宛名を間違えることなどありえない。何故この四年間に限って、亀井鹿介が現われるのだろうか。元亀二年（一五七一）から天正二年（一五七四）といえば、鹿介二十七歳から三十歳の頃で、出雲を脱走して、但馬・因幡・美作あたりを転戦していた時期である。この謎は現段階では謎のままである。

次女も鹿介の実子かどうか分からないが、吉和系図によると、八重姫といい、吉和義兼に嫁いで、二人の男子をもうけた。このあたり、雲州軍話の記述と符合する。長男を範信（常祐）といい、姓を山中に改め、吉和を屋号とした。次男は孫兵衛と言い、これが鴻池の祖となるという。前掲宮本著『鴻池善右衛門』は、鴻池家の系図に言及しているが（但し、系図そのものは載せていない）、鹿介には二男一女があった。長男幸元が鴻池の始祖新六（のち新右衛門直文）で、元亀元年（一五七〇）十二月生まれ。一女は亀井茲矩に嫁したという。鴻池系図によると、鹿介の長男新六（幸元）は、故あって伊丹鴻池村（伊丹市）に住し、酒造業を始めたとなっているが、吉和系図には、鹿介の次男孫兵衛が備前岡山に移住、その後大坂に転居したと記入されている。安芸吉和にいた孫

吉和系図 〈昭和十二年当時山中三樹造氏蔵〉〈若干修正した〉

清和天皇（中略）――頼實 孫太郎（暁雲）
母 珂村家娘女

義春 孫六
元亀三年四月八日卒去
墓地草津海蔵寺ニアリ
（大正十一年三百五十年忌ニ相當）
＝妻 巳斐豊後守女

源之助

義春 孫左衛門（兼道林）
（昭和十二年三百三十九年忌ニ當ル）
＝妻
天正年二月三日
病死
山中鹿之介娘
八重姫（ママ）
法名 特陰性大姉
墓地草津海蔵寺ニ
アリ

範信 彌右衛門（常祐）
＝妻
釋妙園信女
寛永十九年午六月
二十四日卒去

弟 孫兵衛
備前岡山ニ移住後
大阪に轉居
（鴻之池ノ祖タリ）

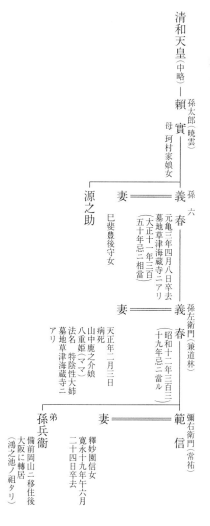

本満寺供養塔（京都市上京区）

兵衛が、どのような理由で岡山に行き、後大坂に移ったかは分からないが、この孫兵衛と鴻池の祖といわれる新六は、同一人物ではなかろうか。

鴻池家では、初めの頃は鹿介を先祖とするのを秘事としていたが、四代宗貞（宗羽）に至り先祖鹿介を顕彰し、彼の生きざまを家訓の中に入れようとした。宗貞は一族十八人と謀り、京都紫野の大徳寺塔頭《たっちゅう》玉林院に位牌を安置し、寛保三年（一七四三）境内の一隅に、「山中鹿介幸盛之墓」と刻んだ供養塔を建立した。次いで宝暦十四年（一七六四）、五代鴻池宗益らは、京都上京区寺町今出川上ルにある日蓮宗本満寺の墓地に、玉林院と同じような「山中鹿介幸盛之墓」を建立した。その他、鴻池家では、鹿介関係の古文書の収集、上月城麓の古塚の調査など、鹿介と鴻池家の関係の深さを明らかにしようと努力した。

(四) 死後の評価

江戸時代における鹿介の評価は、岡谷繁実《おかやしげざね》の名将言行録の次の記述に代表されると思う。

「主家を復興する事を己《おの》が任と為《な》し、崎嶇《きく》間関《かんかん》(嶮しい道を)、百挫千折《ひゃくざせんせつ》(多くの挫折)すと雖《いえど》も、進むことあって退くことなし。竟《つい》に志業成らずして死すと雖《いえど》も、一時(当代)義勇の名、天下を震動せり」

勝海舟も『氷川《ひかわ》清話』のなかで次のように記している。

「ここ数百年の史上に徴するも、本統の逆舞台に臨んで、従容として事を処理したる者は殆ど皆無だ。先ず有るというならば、山中鹿介と大石良雄であろう。

彼の鹿介が可憐、貧弱な小国に生れ、お負けに平々凡々の主人を奉じて屢々《しばしば》失敗し、何事に手を出しても事皆顚倒《てんとう》し、敗北に敗北を重ねて益々奮励《ふんれい》し、斃《たお》れて後已《や》むの決心は、ホト〳〵想いやられるよ。」

ラフな表現だが、的確な評価と言える。

大町桂月も熱心な鹿介信奉者だった。彼は明治三十二年（一八九九）、新設間もない簸川《ひのかわ》中学（出雲市今市町）に赴任し、一年半ほど教鞭をとり、再び東京へ帰った。桂月は出雲に来る以前から鹿介についての知識を持っていたと思われるが、現地で見聞するうちに、熱烈な信奉者になった。

桂月は帰京後まもなく出版した『一蓑一笠』（明治三十四年刊）という紀行随筆集のなかに、「出雲雑感」なる一章をもうけ、出雲滞在中の所感を述べている。そのなかで桂月は、自分が教えた簸川中学の生徒の消極性、優柔不断性を叱《しか》って、「学生を戒めて曰ひけらく、大己貴命《おほなむちのみこと》時代と尼子勃興時代との出雲人士の活気を思へ、塩冶重貞、山中鹿介、柳多四郎兵衛、大梶七兵衛等の精神と事業に学べ」と記している。次いで翌三十五年、『続学生訓』を著し、その末尾に「山中鹿之助」の一篇を加えているが、そのなかで、鹿介の生きざまを絶賛している。桂月独特の文語体美文調の文章から読みとっていただきたい。

智勇既に人に絶す、而して毫も失敗に屈せざる猛烈鞏固なる意志に至りては、古今多く其比を見ず。権道詭道《きどう》（臨機応変の手段や人を欺く手段）を蹈みしこともなしとせざれども、ただ尼子氏を再興せしむとする衷情《ちゅうじょう》に出でたる外ならず。嗚呼《ああ》この気骨ある、熱血ある、智勇すぐれたる絶代の快男子が弾丸黒子《こくし》（非常に狭い）の地に主家の遺孤を奉じ、敗余烏合の弱卒を以て両川（吉川氏・小早川氏）の大軍に當り、千艱萬難の間に悠々自若として運命と闘ひしは實に天地間（世間で）有数（屈指の）快心の事也。何ぞ必ずしもその事の成らざりしを問はんや。

桂月は事の成否ではなく、それに向かって進む行為を評価しているのである。近代においては、おおむねこのような論調が多かった。

戦後の現代では、かなり違ったかたちの評価がある。前掲の高柳光壽氏は次のように記している。

「どうも鹿介という男は戦争が飯よりも好きな男であったように思われる。今日の雷族がスピードを出すのは利益を得ようためではない。スピードを出すそのことが目的なのである。鹿介も主家再興は表向きで、ほんとうは戦争そのものが好きだったかも知れない。戦闘意欲は非常に旺盛であった。」(『青史端紅』)

ヤレヤレ、鹿介は雷族の同類にされている。

おわりに —— 七難八苦の人生

天正五年（一五七七）松永久秀が信長に再度反旗をひるがえしたとき、鹿介は明智光秀に従って討伐に参加し、大和片岡城を攻めた。鹿介は一番に進み、敵将河村将監と組み打ちし、共に切崖《きりぎし》から下へ落ちたが、其処《そこ》で将監を打ち取った。首実検に立ち会った光秀は、たしなめるように言った。

「なんでこのような若気の働きをされるのか。其方《そなた》ほどの武将ならば、命を全《まっと》うして、国を治めることこそ肝要であろうに。」

鹿介ほどの者ならば、なにも体をはって危険な組み打ちなどしなくてもよいのではないか。それよりも、命を大切にして、領国を治めることを考えてはどうか、というのである。光秀の言葉は、戦国の武将たちにとっては、至極当然のことである。上月城攻略のとき、共に戦った小寺孝高や堀尾吉晴ら多くの武将たちが、寄らば大樹の蔭《かげ》とばかりに、信長や秀吉の家臣となり、やがて功成りとげて大名に昇進していった。

しかし、鹿介は信長や秀吉の家臣にならず、滅び去った主家尼子家にこだわり続けた。尼子家の再興・領国出雲の奪還という目標は、彼自身の意志によって決めたもので、誰からも強制されたものではない。鹿介はその目標に向かって、ひたすらにつき進んだ。大名になろうとか、城主になろうとか、そのような願望は微塵もなかった。あるのは宿願達成の大義にひたすらつき進むことだけであった。

衰退する主家尼子氏、或いは滅亡後の尼子氏にこだわり続けた鹿介は、常に浪人たちの少数兵力で戦わなければならなかったから、華々しい勝利などは無縁であった。勝利よりも敗北することが多かった。だが、倒れても倒れても起き上がり、執拗に宿願を追い求めたのである。その姿は、まさに「我に七難八苦を与え給え」と三日月に祈ったという逸話と重なるのである。たとえ、元就の三本の矢の教誡と同じように、後世の作り話だとしても、鹿介の一生をふり返るとき、彼がそのような祈り方をしたのではないかと信じたくなる。それほど鹿介は困難を次から次へと背負いこみ、それを糧《かて》に前進していったのである。

ひたむきに生きる人生は、美しく輝いて見える。鹿介のように悲運に包まれながら、宿願達成のため生き抜こうとするとき、その生きざまは、ひときわ光輝を放ち、私たちの胸をうつ。さらに感動的なことは、上月城に追いつめられた鹿介が、籠城者たちの生命を第一と考え、長年堅持していた毛利に対する敵《てき》愾心《がいしん》をあっさり捨てたことである。戦国の殺伐たる風潮のなかでも、鹿介は人の命を尊重したのである。

ただし、敵愾心は捨てたけれども、「尼子再興、領国出雲回復」の宿願を、鹿介は捨てたわけでは決してなかった。毛利の被官になることによって、宿願の実現がより確かなものになると判断したのである。

さて、ひるがえって現代社会を見るとき、精神の荒廃、モラルの退廃は目を掩うものがある。同時に、われわれは小市民的な幸福の追求という、矮小化された人生を送ろうとしているのではなかろうか。大志を抱き、自ら目標を定め、困難を克服して進もうとする気概を失ってしまったのではないか。そのことは、個人はもとより、地域社会にとっても、日本にとっても、あまり生産的なことではないだろう。そうした諸々の点から考えて、今こそ、鹿介の七難八苦の生きざまを学ぶべきではなかろうか、と思うのである。

筆者はかつて昭和五十三年、『山中鹿介紀行』を著述し、鹿介の生きざまを、戦後の民主主義のなかでどのように評価すべきかという視点で、いささか論じたことがあった。そして結論として、戦前の滅私奉公、尽忠報国的評価ではなく、自己の定めた目標に向かって、ひたむきに生きるという生きざまを評価すべきである、と説いたつもりである。

あれから約四十年、その間、筆者の関心は出雲の古代史に移り、しばらく鹿介から遠ざかっていた。世の中はＩＴ社会となり、恐らく、人類が経験したことのないほど早い速度で、社会も意識も変化する時代となった。既成のモラルや常識は光を失い、経済効率至上の考えがあらゆる部分にはびこるようになった。筆者はこの現象を平安後期の末法到来になぞらえたが、筆者自身暗夜に灯を失ったような不安感に襲われている。

そうしたなか、安来市広瀬町在住の郷土愛に燃える石倉刻夷《ときひろ》・井上幸治両氏が中心となって、「藤岡大拙と行く尼子歴史ツアー」が企画され、平成二十三年から二十八年にかけ、前後七回にわたって尼子ゆかりの地を見学した。東は近江（滋賀県）から西は肥前（佐賀県）まで、尼子氏縁由の地を悉皆探訪するという密度の濃いツアーだった。もちろん、山中鹿介ゆかりの地もふくまれていた。バス一台約四十人の熱心な参加の皆さんのお話を聞きながら、鹿介の生きざまをもう一度書き直してみたいという衝動にかられた。教科書に載った鹿介を懐古的に描くのではなく、現代に生きる鹿介像を描こうと思ったのである。筆者が最も重視したのは、上月籠城中の鹿介の苦悩であった。そして、毛利への降伏は、彼の宿願の断絶では決してなく、たとえ降伏しても、宿願の追求は継続するはずだったということを力説したかった。

しかし、複雑な鹿介の心理と行動は、とてもとらえきることはできなかった。また、謎の部分がいくらもあることは、本文でも触れたところである。今後の研究に期待したい。

最後になったが、本書を書くきっかけをつくり、その後もいろいろと励まして頂いた石倉・井上両氏をはじめ、多くの皆様に感謝申し上げたい。
また、発表の場を快く与えて頂いたハーベスト出版の谷口博則代表、直接種々のご協力を頂いた山本勝氏にも、感謝の誠を捧げる次第である。

平成二十九年六月

藤　岡　大　拙

資料

山中鹿介幸盛略年表

年号	西暦	年齢	事項
天文　九	一五四〇		八、尼子詮久、三万の兵をひきい、安芸吉田郡山城の毛利元就を討つべく、富田城を出発する。是歳、詮久の二男長童子（義久）生まれる。
天文一〇	一五四一		一、詮久の尼子軍、郡山総退却。十、詮久、足利十二代将軍義晴の偏諱を頂戴して晴久と名乗る。十一・十三、尼子経久没（八四）。
天文一一	一五四二		一、大内義隆、尼子を討つべく山口を進発、陶隆房（晴賢）・毛利元就らと出雲に向かう。六月ごろより翌年五月ごろまで、出雲国内で尼子・大内の戦闘、互いに勝敗あり。
天文一二	一五四三		二、大内勢、京羅木山に陣す。五、大内勢総退却。義隆養子義房（晴持）、揖屋《いや》沖で水死。晴久、反撃して大内義隆・毛利元就を駆逐する。
天文一四	一五四五	一	八・十五、山中甚次郎（鹿介幸盛）、富田城麓新宮谷で生まれる。
天文二〇	一五五一	七	九、大内義隆、叛臣陶隆房のため、長門深川《ふかわ》の大寧寺にて自刃（四五）。大内氏滅亡。
天文二一	一五五二	八	四、晴久、八か国守護職に補任される。十二、従五位下大膳大夫に任じられる。

天文二三	一五五四	一〇	十一、晴久、叔父国久ら新宮党を全滅させる。この頃、鹿介、弓を習い、軍法に執心する。
弘治元	一五五五	一一	十、毛利元就、厳島の戦いで陶晴賢を滅ぼす。
弘治二	一五五六	一二	この年、鹿介、義久の近習となる。
永禄三	一五六〇	一六	春、甚次郎を改め、鹿介幸盛と名乗り（元服）、山中家を継ぐ。十二・二十四、尼子晴久急死（四七）。義久、家督を継ぐ。
永禄五	一五六二	一八	七、元就、出雲赤穴に進出。十二、洗合に本営を築く。
永禄六	一五六三	一九	八、元就、白鹿城を攻める。九、鹿介、白鹿救援に赴き、敗退した本隊の殿をつとめる。爾来、大身家老衆に不信感を抱き、尼子氏を復興するのは近習ら若手であると確信する。この頃より、軍記物に山中鹿介の名が現れるようになる。
永禄七	一五六四	二〇	この年、鹿介、伯耆弓ヶ浜や尾高城あたりで、しきりに杉原盛重と戦う。
永禄八	一五六五	二一	四、元就、富田城総攻撃（富田三面攻撃）。鹿介、塩谷口にて防戦し、吉川元春軍を撃退する。九、鹿介、品川大膳と富田川の中洲で一騎打ちを行う。
永禄九	一五六六	二二	十一、富田落城。尼子三兄弟（義久・倫久・秀久）は安芸長田円明寺に幽閉される。立原源太兵衛は京都へ上る。鹿介、傷の養生のため杵築で越年。富田城は天野隆重城督となる。

永禄一〇	一五六七	二三	鹿介、養生のため有馬温泉に行く。のち上京して源太兵衛に会い、東国方面へ旅に出る。
永禄一一	一五六八	二四	この年、秋上三郎右衛門尉・庵介父子、上京して出雲の状勢を知らせる。鹿介、東福寺の僧（新宮党の遺孤）を還俗させ、尼子孫四郎勝久と名乗らせ、尼子残党の大将に推戴。鹿介・源太兵衛ら、勝久を奉じて但馬に下る。
永禄一二	一五六九	二五	五、鹿介ら、奈佐日本之助の軍船で隠岐へ渡る。隠岐為清、歓迎し援助する。六、鹿介ら、勝久を擁して千酌付近に上陸、忠山にたて籠もり、四方に檄を飛ばせ、旧臣を糾合。六、新山城奪取し、本営を移す。七、出雲国内の諸城を陥落させたが、富田城は落ちず。この頃、隠岐為清、美保関で尼子に叛く（存疑）。十、元就、北九州遠征の吉川元春・小早川隆景軍を、出雲戦線へまわすため召還する。
元亀 元（永禄一三）	一五七〇	二六	一、毛利輝元を総大将とする毛利軍、大雪をおかして富田城救援のため吉田進発。二、鹿介、源太兵衛らの尼子軍、布部山に迎えうって敗北。富田城奪還の夢消える。鹿介、勝久の守城末次城に逃げ帰る。二下旬、元春ら末次城攻略。勝久、新山城に逃げ帰る。四、毛利軍、牛尾城攻略。多大の戦死者を出す。五、鹿介の盟友秋上庵介、毛利に降る。十一、十倉城主古志重信、毛利に降る。

元亀　二	一五七一	二七	二、鹿介、伯耆尾高城を攻めたが、杉原盛重に敗れる。三、高瀬城陥落。城主米原綱寛、新山城に逃れる。出雲の尼子拠点は新山城のみとなる。六・十四、毛利元就没（七五）。八、元春、鹿介の籠もる伯耆末吉（石）城を包囲。鹿介降伏。尾高城に幽閉、杉原盛重の監視をうける。鹿介脱走、美作を経て京都に行く。八・二十八、新山城陥落。勝久、隠岐へ逃れ、のち京都に出て、鹿介・源太兵衛に合流する。
元亀　三	一五七二	二八	三～四、鹿介、但馬に潜伏。この頃、武田高信に逐われた因幡守護山名豊国は但馬に逃れる。
天正　元（元亀四）	一五七三	二九	春、武田高信急死。六、鹿介、山名豊国を擁し因幡へ進入。桐山城を拠点に諸城を落とす。七、室町幕府滅亡。九、鹿介ら、鳥取城を奪取して豊国を入城させる。尼子勢は私部城を本拠とする。毛利勢反撃して、十一、鳥取城奪還、豊国は毛利に寝返える。
天正　二	一五七四	三〇	十一、大友宗麟、鹿介に塩硝二壷を送る。
天正　三	一五七五	三一	五・二十八、芸但和睦成立。鹿介ら但馬勢の後ろ楯を失う。六、鹿介ら、若桜鬼ヶ城を奪取、ここを本拠地とする。十、毛利軍により私部城陥落。

天正　四	一五七六	三二	二、足利義昭、備後鞆に移り、毛利輝元に援助を要請。五、勝久・鹿介ら、鬼ヶ城を捨て、京都へ上る。この頃、鹿介・源太兵衛、織田信長に面謁して援助を請う（信長との面謁の時期を元亀二年とする説もあるが、ここでは採らない）。
天正　五	一五七七	三三	八、松永久秀、信長に叛す。鹿介、明智光秀の配下として片岡城攻撃に参加、河井将監と組み討ちして勝つ。十、鹿介、羽柴秀吉の中国攻めに参加。十二月、鹿介ら、赤松政範の籠もる上月城を落城させ、代って尼子残党が入城する。
天正　六	一五七八	三四	二、宇喜多直家、上月城奪還し、上月景貞を入城させる。鹿介らは逃れて姫路に引き上げる。三、鹿介ら、再び上月城入城。秀吉、三木城の別所長治を攻める。四、毛利軍、上月城を包囲。五・四、秀吉、上月救援のため高倉山に陣を移す。五・十四、杉原盛重の仕掛けた台無鉄砲により、上月城被害。五・晦、吉川元長、大朝西禅寺の以徹和尚に、上月城内は水兵粮が全くなくなったと書き送る。六・十六、秀吉、単身上洛し、上月城について信長の指示を仰ぐ。信長、上月城を捨て三木城に専念すべしと命ずる（この項存疑）。六・二十三、亀井茲矩、高倉山より上月城に忍び入り、鹿介に打って出るようにという秀吉の伝言を伝える。鹿介断わる。六・二十六、秀吉軍、高倉山撤退。七・二、神西元通切腹。七・

			三、尼子勝久切腹（二六）。七・五、吉川元春外三名連署起請文にて、鹿介らの降伏を認める。七・十、鹿介、備中松山の毛利輝元の陣所へ挨拶のため、上月を出発。七・十七、鹿介、備中松山城々下、阿井の渡で殺害される（三四）。
天正一七	一五八九		この年、尼子三兄弟、安芸長田円明寺の幽閉（二十三年間）を解かれ、志路の根の谷（広島市）に居館を与えられ、客分として五七〇石を給せられる。
天正一九	一五九一		吉川広家、富田城々主となる。
慶長　元	一五九六		尼子義久、病弱を理由に、長門阿武郡嘉年村の五穀禅寺に移り、剃髪して友林と号したが、後に奈古に移った。末弟秀久も共に住む。倫久は阿武郡紫福村に住む。
慶長一四	一六〇九		十二・二、秀久没。墓は奈古大覚寺。
慶長一五	一六一〇		八・二十八、義久没（七一）。大覚寺殿大円心覚大居士。墓は奈古大覚寺。
慶長一八	一六一三		四・二十六、立原源太兵衛久綱、阿波において没（八三）。
元和　九	一六二三		三・四、倫久没（七八）。墓は長門市渋木町訂心寺。浜田市金城町上来原保寧寺にもある。

参考にした主な文献

編著者名	書名	刊年	出版社
谷口廻瀾編著	山中鹿介	昭和一二	東京モナス
妹尾豊三郎著	山中鹿介幸盛	平成　八	ハーベスト出版
米原正義編	山中鹿介のすべて	平成　元	新人物往来社
藤岡大拙著	山中鹿介紀行	昭和五五	山陰中央新報社
藤岡大拙・藤澤秀晴著	山陰の武将	昭和四九	山陰中央新報社
藤岡大拙・藤澤秀晴・日置粂左衛門著	続山陰の武将	昭和五〇	山陰中央新報社
渡辺世祐著	毛利輝元卿伝	昭和五七	マツノ書店
瀬川秀雄著	吉川元春	昭和六〇	マツノ書店
鳥取県史編さん室編	尼子氏と戦国時代の鳥取	平成二二	鳥取県
上月町史編さん委員会編	上月町史	昭和六三	上月町
竹本春一著	上月城物語	昭和五六	佐用郡歴史研究会
山下晃誉著	上月合戦	平成一七	兵庫県上月町
高柳光寿著	青史端紅	昭和五二	春秋社
宮本又次著	鴻池善右衛門	昭和三三	吉川弘文館
島根県労務部・島根県史編纂掛	島根県史第八巻	昭和　四	島根県
長谷川博史著	戦国大名尼子氏の研究	平成一二	吉川弘文館

参考にした主な史料・記録類

編集者	資料名	成立年	内容
広瀬町教育委員会編	出雲尼子史料集（上・下）	平成一五（二〇〇三）	尼子氏に関する古文書のほとんどを収録。更に古記録・軍記物の一部も収録。尼子氏研究必備の書である。
河本大八隆政	雲陽軍実記	天正八（一五八〇）	隆政は尼子家の家臣。天文九年（一五四〇）毛利元就の居城吉田郡山城を攻めて負傷し、富田城下に隠栖して、見聞をもとに尼子毛利の合戦を叙述した。
二宮俊実	二宮佐渡覚書	慶長八（一六〇三）以前の成立。	吉川元春の家臣、二宮佐渡守俊実の覚書。天文九年（一五四〇）尼子氏の郡山遠征から、永禄九年（一五六六）富田落城までの、毛利を中心とする覚書。
小瀬甫庵	甫庵太閤記	元和二（一六一六）	最も古い山中鹿助伝が収録されている。
森脇春方	森脇覚書	元和四（一六一八）頃	吉川元春の家臣森脇飛弾守春方の覚書。
桂元盛（岌円）	桂岌円覚書	元和八（一六二二）	毛利元就の家臣桂元澄の六男元盛（岌円）が、元就・隆元・輝元三代の事蹟を伝える覚書。

小田杢允	老翁物語	寛永元（一六二四）頃	森脇覚書・桂岌円覚書をさらに詳しく叙述した、毛利中心の史書。
岩国吉川藩の臣	安西軍策	万治三（一六六〇）以前	毛利・吉川中心の史書で、陰徳記の原資料となる。
香川正矩	陰徳記	万治三（一六六〇）	安西軍策をより詳述した大著。史実にある程度忠実な内容なので、西日本における戦国史の貴重な資料である。
多々良一龍（南宗庵）	雲州軍話	延宝五（一六七七）頃	尼子・毛利の合戦から鹿介が殺害される頃までの出雲中心の尼子・毛利合戦物語。
香川景継（宣阿）	陰徳太平記	元禄八（一六九五）	陰徳記にペダンチックな修飾を加味している。
杉岡就房	吉田物語	元禄一五（一七〇二）	就房は毛利藩士。元就・隆元・輝元三代の事蹟を述べている。
桃節山	出雲私史	文久二（一八六二）	桃節山は松江藩々儒。出雲の歴史を古代から叙述。近世に至って最も詳しくなる。

〈著者紹介〉

藤岡大拙（ふじおか　だいせつ）

　昭和七年（一九三二）島根県斐川町（現出雲市斐川町）生まれ。京都大学文学部史学科（国史学専）卒業。同大学院文学研究科修士課程終了。元島根県立女子短期大学学長、しまね文化振興財団理事長、NPO法人出雲学研究所理事長、松江歴史館館長、荒神谷博物館館長。

　著書『出雲人』『出雲國神仏霊場巡り～心の旅』『出雲弁談義』（いずれもハーベスト出版）『島根県地方史論攷』『山中鹿介紀行』『今、出雲がおもしろい』『神々と歩く出雲神話』『出雲学への軌跡』など多数。

山中鹿介《やまなかしかのすけ》

二〇一七年八月一日　初版発行
二〇二五年五月二十日　第三刷発行

著　者　藤岡大拙《ふじおかだいせつ》
発　行　ハーベスト出版
〒六九〇-〇一三三
島根県松江市東長江町九〇二-五
TEL　〇八五二-三六-九〇五九
FAX　〇八五二-三六-五八八九
URL:https://www.tprint.co.jp/harvest/
印　刷
製　本　株式会社谷口印刷

Printed in Shimane Japan
ISBN978-4-86456-249-2 C0021